河南省哲学社会科学规划后期资助项目（2018HQ013）资助

Competition and Cooperation Strategy
in Supply Chain Operation
—— from the Perspective of Game Theory

供应链运营中企业竞合策略
——博弈论视角

谢博 / 著

·北京·

图书在版编目（CIP）数据

供应链运营中企业竞合策略：博弈论视角/谢博著. ——北京：中国经济出版社，2020.10
ISBN 978-7-5136-6311-3

Ⅰ.①供… Ⅱ.①谢… Ⅲ.①企业管理-供应链管理-研究 Ⅳ.①F274

中国版本图书馆 CIP 数据核字（2020）第 169789 号

责任编辑	牛慧珍
责任印制	马小宾
封面设计	任燕飞设计工作室

出版发行	中国经济出版社
印 刷 者	北京建宏印刷有限公司
经 销 者	各地新华书店
开　　本	710mm×1000mm　1/16
印　　张	12.75
字　　数	180 千字
版　　次	2020 年 10 月第 1 版
印　　次	2020 年 10 月第 1 次
定　　价	68.00 元

广告经营许可证　京西工商广字第 8179 号

中国经济出版社 网址 www.economyph.com 社址 北京市东城区安定门外大街 58 号 邮编 100011
本版图书如存在印装质量问题，请与本社销售中心联系调换（联系电话：010-57512564）

版权所有　盗版必究（举报电话：010-57512600）
国家版权局反盗版举报中心（举报电话：12390）　服务热线：010-57512564

前言 PREFACE

随着经济的发展，市场竞争越来越激烈，企业管理者深刻意识到供应链运营管理对于企业发展的重要性。提高供应链的资源利用效率、加强供应链的运作管理、减少供应链经济流失成为供应链管理的重要变革方向。企业管理者在实践中积极寻求促进供应链健康发展的方法，学者从理论研究出发，努力为供应链运营的完善提供坚实的理论基础和丰富的实践方法。本书关注供应链中企业与关联集团间的合作与竞争关系，涉及供应链中参与者之间的复杂关系，研究核心是探讨如何在产品生命周期的各个环节，建立企业与其关联集团的合作与竞争关系，加强供应链管理，促进企业更好的发展。

本书以当前供应链中存在的问题为出发点，结合已有研究的理论成果和实践成效，在管理科学研究方法的基础上，以产品循环周期的时间节点和阶段分层为研究线索，提出了待解决的具体问题：

（1）当企业面对不同类型的供应商时应该如何去选择合适的供应商？当不同类型的供应商提供相同质量的零部件和不同质量的零部件时，竞争企业间合作与竞争的程度会如何变化？

（2）在信息不完全的情况下，供应商拥有完整的私人信息，企业在信息不对称情况下如何去甄别优秀的合作者，如何在合作过程中督促其努力付出？在委托代理模型基础上，企业应当建立怎样的激励监督机制，以辨别供应商的优劣？

（3）企业不断提高自己的市场竞争力，持续对产品进行研发，那么，研发与外包是否会为企业带来更多的收益？当产品研发与外包对象是企业的竞争对手时，研发与外包策略如何影响企业的最终利益？当企业面对多种提高市场竞争力的方法时，应如何做出选择？

（4）在供应链的信息共享体系中，信息泄露是如何影响企业和其关联集团的？企业如何减弱供应商泄露信息的动机？竞争对手是否对泄露的市场信息感兴趣？当市场中供应商的数量增多时，是否能减少信息泄露现象？

（5）企业在发展过程中，离不开政府的支持与帮助。企业如何向政府贡献自己的策略？如何通过生产改革策略赢得政府的支持？政府如何选择合适企业给予政策和财政支持？

本书对供应链运营的相关问题及理论和方法进行了介绍，并在不同研究内容的基础上，按照研究的顺序针对供应链中的相关问题进行了文献综述。在文献综述的基础上，结合不同的研究方法对上述问题进行了具体的探讨。本书始终以供应链运营过程中参与主体间的复杂关系为研究主体。具体如下：

首先，在信息完全的情况下，讨论了供应链中企业的供应商选择问题。随着经济的迅猛增长，市场中不仅存在单纯的第三方供应商，竞争对手也成为零部件及服务的提供者。企业在选择供应商的过程中，不仅要考虑原料或者零部件的质量和批发价格，还要考虑策略对于竞争对手的影响。本书从静态博弈的供应商选择问题入手，分析了企业在面对不同的供应商提供相同类型的零部件和不同类型零部件时对供应商的选择。研究表明：竞争企业间的合作能在一定程度上缓和竞争，使企业不能随意定价影响市场，但在一些情况下即使竞争企业具有较低生产成本或者较高质量的零部件，企业也会选择与第三方供应商合作而不选择竞争对手。此外，当供应商私有信息不完全时，要分析企业如何通过激励机制来促使供应商提供自己的真实信息，讨论企业和供应商之间的委托代理模型和审核机制模型。研究表明：通过两阶段的委托代理模型，企业可以获得代理人更多的剩余价值。由于企业进行审核会付出额外成本，所以只有进行事前审核所得到的收益足够大时，企业才会进行审核，从而在合作前掌握供应商的全部信息。

其次，在零部件采购问题的基础上考虑了提高产品竞争力的相关问题，探讨了面对不同的产品研发和市场营销策略时，企业的最优策略选择。在产品研发外包策略选择方面，考虑了企业购买无差异与有差异零部件时的研发决策模型；在产品提高市场竞争力策略选择方面，考虑了饱和市场与不饱和市场中的企业最优策略模型。研究发现：当企业将产品研发工作外包给自己的竞争对手时，产品的可替代性增强，加剧了产品在市场中的竞争，但由于社会资源利用最大化，企业总收益增加。当面对竞争企业选择提高市场竞争力的不同策略时，处于饱和市场与不饱和市场的情况下，企业最优行为策略不同。

再次，探讨了在市场需求信息不完全的情况下，竞争企业对于市场需求信息预测和生产量的选择问题。在企业和供应商收益共享契约模型下，讨论了信息泄露给竞争企业带来的问题与机遇。研究发现：供应商泄露信息的行为与企业订货量有关，企业的策略可以影响供应商泄露信息的行为。当市场中存在其他供应商时，可以减弱竞争企业获取泄露信息的动机，从而使供应商泄露信息的动机减弱。

最后，讨论了在企业与政府信息不对称的情况下，企业寻求政府支持及政府探寻适合企业的问题，同时基于委托代理模型寻找企业与政府合作的最佳策略。研究发现：政府会积极寻找行业中努力程度较高的企业进行支持和帮助，从而使积极努力的企业得到更好的发展；在政府支持政策下，信息不对称因素使企业在改革过程中容易出现"搭便车"行为。

本书的结构和主要内容经过了多年的思考、积累以及反复探讨。本书的出版得到了河南省哲学社会科学规划后期资助项目"供应链运营中企业竞合策略——博弈论视角"（编号2018HQ013）的支持。在此表示感谢！

目录

第1章 绪论 / 1

1.1 供应链的现实问题 / 1
1.2 研究背景 / 2
    1.2.1 供应链的现实状况 / 3
    1.2.2 供应链中的竞争与合作 / 8
    1.2.3 问题的提出 / 10
1.3 研究意义 / 12
1.4 研究内容与方法 / 14
    1.4.1 研究内容 / 14
    1.4.2 研究方法 / 17
    1.4.3 研究结构 / 20
    1.4.4 研究创新 / 21
1.5 本章小结 / 23

第2章 相关理论基础与文献综述 / 24

2.1 供应链的全球化 / 24
    2.1.1 供应链中外包业务 / 25
    2.1.2 供应链中供应商选择 / 26

2.1.3 供应链中企业竞争力 / 28
2.1.4 供应链中信息共享 / 29
2.1.5 供应链中信息泄露 / 30
2.1.6 供应链中竞争与合作关系 / 31

2.2 理论方法综述 / 33
2.2.1 博弈理论 / 33
2.2.2 契约理论 / 34
2.2.3 Hotelling 模型 / 35

2.3 本章小结 / 35

第3章 供应链运营中企业供应商选择策略博弈分析 / 37

3.1 供应商与供应商选择 / 38
3.1.1 供应商类型分析 / 38
3.1.2 供应商与企业关系分析 / 39
3.1.3 供应商选择的方法与指标 / 40
3.1.4 供应商选择与管理的重要性 / 42

3.2 供应商选择委托代理机制 / 45
3.2.1 供应商选择问题描述 / 46
3.2.2 供应商选择的机制设计 / 47
3.2.3 有审核功能的机制设计 / 51

3.3 供应商监督模型构建 / 55
3.3.1 企业与供应商合作与监督模型构建 / 55
3.3.2 企业与供应商合作与监督模型分析 / 58

3.4 本章小结 / 59

第4章 供应链运营中企业零部件外包策略博弈分析 / 60

4.1 存在产品竞争关系的企业关于零部件供应商选择策略 / 60
4.1.1 零部件无差异的问题描述 / 60
4.1.2 零部件无差异时供应商选择模型的建立 / 61

4.1.3 零部件无差异时供应商选择的最优策略分析 / 68

4.2 零部件存在差异化时的供应商选择策略 / 77

  4.2.1 零部件有差异的问题描述 / 77

  4.2.2 零部件有差异时供应商选择模型的建立 / 78

  4.2.3 零部件有差异时供应商选择的最优策略分析 / 81

4.3 本章小结 / 85

第5章 供应链运营中企业产品研发策略博弈分析 / 87

5.1 企业产品研发 / 87

5.2 企业在研发方面的竞争与合作 / 89

  5.2.1 零部件研发问题描述 / 89

  5.2.2 企业的零部件研发策略模型 / 92

  5.2.3 零部件研发最优策略分析 / 93

  5.2.4 研发策略选择的数据实例分析 / 98

  5.2.5 加入营销手段的研发策略分析 / 100

5.3 本章小结 / 103

第6章 供应链运营中企业提高市场竞争力策略博弈分析 / 105

6.1 企业市场竞争力 / 106

  6.1.1 影响企业市场竞争力的因素 / 106

  6.1.2 提高企业市场竞争力的关键 / 107

  6.1.3 提高企业市场竞争力的方法 / 110

6.2 企业提高竞争力的策略选择 / 111

  6.2.1 研发与广告策略描述 / 112

  6.2.2 企业提高竞争力的策略选择模型 / 114

  6.2.3 不同策略的收益分析 / 116

6.3 本章小结 / 124

第7章 供应链运营中企业信息共享策略博弈分析 / 126

7.1 信息共享体系中信息泄露问题 / 126
  7.1.1 信息共享特点 / 126
  7.1.2 信息泄露特点 / 127
  7.1.3 市场中信息泄露问题及描述 / 129
  7.1.4 信息共享与信息泄露模型 / 132

7.2 企业与供应商收益分析 / 135
  7.2.1 供应商不泄露信息时的收益分析 / 135
  7.2.2 供应商泄露信息时的收益分析 / 136
  7.2.3 供应商不泄露信息时的均衡订货量分析 / 138
  7.2.4 在位者激励供应商不泄露信息的策略分析 / 141
  7.2.5 新进者对泄露信息的接收情况分析 / 143
  7.2.6 存在其他供应商时的信息泄露分析 / 145

7.3 本章小结 / 148

第8章 供应链运营中企业与政府合作策略博弈分析 / 150

8.1 企业与政府合作模型构建与分析 / 151
  8.1.1 企业与政府委托代理模型构建 / 152
  8.1.2 企业与政府委托代理模型分析 / 154

8.2 本章小结 / 156

第9章 总结与展望 / 157

9.1 研究总结 / 157

9.2 研究不足与展望 / 162

参考文献 / 164

附录 / 186

重要术语索引 / 192

第1章 绪论

1.1 供应链的现实问题

供应链运营管理是产品生产和销售过程中一个适应时代发展的产物，是理论与实践结合的成果，是伴随着知识发展和经济一体化而出现的一种现代管理理念。供应链管理最初随制造业产生和发展，而后慢慢渗透到了其他行业，其不仅包括产品的生产，还包括产品的销售和服务，实现了从原材料生产到顾客售后服务的统一管理。供应链由市场参与者及其活动组成，包括采购、运输、制造、销售和售后服务等。它就像是一条绳索将产品从原材料生产到消费者消费的各个环节串联起来，使各个节点上的企业表现出相互依赖的关系。在整条供应链中物流、信息流和资金流循环流通，显现出一个动态过程。供应链中各个节点上的企业都是动态连接和相互依靠的，企业同步协调发展，才能更好地促进供应链良性循环。

在供应链快速发展的同时，不可避免地存在着一些问题，人们正在积极采取措施解决这些问题，努力促使供应链更好地运行。供应链中具体问题包括以下几点：

1）产销不一致问题。由于企业对市场的预测存在一定的不确定性，整个产品从生产预测到订货、采购、销售等都存在差异性。如果整个市场不能建立起健全的信息管理系统，企业与企业、企业与市场之间的信息不能流通和共享，产销不一致问题便无法消除。

2）牛鞭效应问题。牛鞭效应是供应链中一种常见的现象，由于信息传递过程中存在失真的现象，当供应链上的各个企业仅仅根据来自相邻企业的需求信息进行生产或者供应时，需求信息的不确定性会沿着供应链向上传递,逐渐放大,从而使供应链不能良好地运行。

3)供应商选择问题。供应商选择在供应链发展中的作用越来越重要,优秀的供应商可以为企业提供高质量的产品、降低产品成本和提高企业收益。由于市场上存在着众多的供应商,如何选择到优秀的供应商便成为摆在企业面前急需解决的问题。企业一旦获得优秀供应商的支持,建立起坚固的供应链合作联盟,在今后的供应链运行过程中企业将拥有强大的竞争力。

4)供应链中物流、资金流和信息流问题。供应链是一个动态的过程,它不仅包括原材料和商品之间的流通,还包括信息和资金的流通。这些流通不是一成不变的单方向固定流通,它们往往是动态的,且向正反两种方向流通。正向流通是指商品从原材料开始,通过制造、运输等环节,最终到达消费者手中的过程,这是供应链基础的流通方式。随着市场经济的不断发展,消费者在市场中地位上升,出现了以市场和顾客为基础,从顾客的需求出发,将信息从市场向生产厂商传递,通过渠道成员使物资从消费者返回到原产地的供应链反向流通,如绿色供应链、可循环供应链等,这些都是新兴的供应链运转模式。随着经济全球化发展,供应链的竞争模式已经不再局限于企业间的竞争,每条完整的供应链之间同样存在着激烈竞争。企业要建立稳定的供应链联盟,不仅要努力提高自身的利益,还要提高供应链中所有参与企业的利益,优化整条供应链体系,提高整条供应链在市场中的竞争能力。

供应链运营在企业发展过程中发挥着重要的作用,拥有一条良好的供应链,是企业成功的基础。然而在现实生活中,供应链管理过程中往往存在着不同的问题,只有对这些问题进行透彻分析与正确解决,才能更好地促进供应链发展,进而促进整个市场经济发展。

1.2 研究背景

随着人类科技进步和经济快速发展,市场之间没有国界限制,全球经济发展不再以国家为单位,市场的形成以资本和产品的运作为基础,全球一体化的经济运行模式正在影响着人们的生活。零星生产与销售的经营模式已经被历史所淘汰，企业不得不重新认识自身的发展战略和发展模式，希望可以在经济快速发展的今天，找出更加适合自己的发展道路。在探寻新道路的过程中，企业的发展并不是一帆风顺的，企业通过尝试不同方法与途径，在吸取教训和总结经验的同时，也从中探求适合经济一体化的经营模式，如绩效管理体制、质量管理体制、资源再造计划等。这些方法在实施初期取得了辉煌成绩，在一定程度上促进了企业的发展，但是随着时间的推移，人们发现其无法解决企业存在的实质性问题。一些企业开始与学术界的专家探讨此类问题，并在企业的竞争和合作发展过程中，认识到市场中的任何一个环节都不能忽视。单个企业对自身的改革和完善，虽然在一定程度和时间段上改变了企业落后的生产方式，但是市场竞争中所遇到的问题依然存在。随着不断的尝试和实践，企业意识到需要与其他企业相联合，在整个经营过程中发挥自己的力量，从根本上改变以往陈旧落后的经营模式，发挥企业的长处，利用其他企业的优势，提高企业在市场中的适应能力和反应速度。

供应链管理在西方产生时，由于人们对管理知识的认知程度有限，供应链运营所带来的理念和思想只能被少数人接受。供应链管理是指以客户的需求与市场的需要为生产和管理的出发点，将产品从原材料到成品市场销售看作一个整体，在这个统一的整体中，通过对物资、信息、资金、生产力等采取计划、管理和控制等一系列措施，寻求建立更加协调的供给、生产和销售以及与客户之间的战略伙伴关系，最大限度地减少整条生产线中的原材料和人力的内耗与浪费，从而达到供应链整体的利益最大化和效率最大化，更加有效地促进整个市场经济的发展。供应链管理不是供应链上单个企业追求自己利益最大化的过程，而是整条供应链中的企业通过相互竞争与合作，促使整条供应链利益最大化的过程，更大限度地发挥单个企业的作用，满足客户最终需求。

1.2.1 供应链的现实状况

供应链管理从最初的产生到后来的发展与完善，经历了较长的时间，是实践和理论密切结合的产物。每一个新事物的出现都要经历成长和发展的过程，供应链管理是时代发展的产物，适应当今的经济环境，是企业发展中不可缺少的一部分。企业家的实践与学者的理论研究为供应链管理提供了有利的发展平台。目前，供应链管理中呈现出了新的发展趋势和特点，具体如下：

(1) 供应链的全球化

知识和科技改变了世界的布局，加剧了全世界范围内的联系，企业之间的竞争日益激烈，面对生存和发展这一严峻问题，企业不仅要自身全力以赴，还要时时刻刻关注周围环境的变化。以前单纯依靠自身独立发展的竞争模式已经不能适应新经济市场的发展，一个人的力量无法带动整条供应链发展。取而代之的是协同服务、协同竞争的经营模式，这种模式是一种追求双赢的运作模式，以消费者为中心，以产品研发和市场营销为基础，整合制造商和服务商的资源，通过整条供应链之间的竞争，使企业在市场中拥有强大的竞争力，在市场竞争中占有一席之地。

全球化供应链管理要求企业在生产和销售过程中，时刻牢记经营全球化，建立覆盖国际市场的供应链体系，通过全球的数据收集和分析，全面而迅速地了解全球消费者的喜好与动机，针对消费者的最终目的制定全球化的计划、协调、生产和销售等环节，使供应链在各个运作环节都能以满足消费者的需求为最终目标；在核心企业、供应商、经销商以及消费者之间建立更加有效与科学的反应机制，满足顾客的需求。全球化模式供应链主要有以下优点：①通过加快供应链中资产的流动速度，减少资产在生产和经营中所占比例，使资金可以在整条供应链中更加有效地流通和循环。②通过计算机和互联网对顾客与商品数据的收集与分析，使整条供应链中的企业可以在第一时间了解消费者的需求信息以及消费喜好的变化，采取正确的生产和销售措施，最大限度地满足消费者的需求；缩短产品的生产周期，更快更好地占领市场。③根据市场的变化，对产品的变更和淘汰做出更加灵活与正确的反应。④在确保产品质量的前提下，将产品部分生产工序进行外包，集中力量发展自己的优势产业。

全球化供应链管理是一种新型的管理理念，与分散的供应链管理相比，既有相同点，也存在差异之处。这种差异是当今经济全球化发展的产物，也是供应链管理的革新。全球化供应链是一种放眼于世界的供应链体系，它不是以个别企业利益的实现为最终目标，而是从全球市场的角度出发，对供应链进行全面的设计和协调，不仅要考虑单个企业的管理制度和利益的实现，还要将供应链中各个环节上企业的利益相结合，实现共赢发展，这是供应链管理的最终目标。全球化供应链以全球消费者的消费理念和市场多样化的需求为生产运作的动力，是一个非常庞大的体系和框架，它需要全球企业和学者从实践与理论方面给予支持，是一种新型的先进管理思想。全球化供应链的良好运转可以满足全球消费者多样化的消费需求，推动市场不断前进。

（2）供应链的敏捷化

早期的供应链强调将商品安全地送到顾客手中，并不重视整条供应链的反应敏捷程度。随着市场经济的发展，美国的学术领域诞生了一种新的企业战略思想——供应链敏捷化发展。这种思想最早被应用于制造业领域，随着技术的不断更新，供应链对于技术变化的反应及时性不断升高，从而提高了制造系统对周围环境和事物变化的反应能力。从立体的角度来看，敏捷性供应链其实是多个企业组成的具有较强竞争能力的战略联盟。这个联盟以核心企业为中心，所有的资金流、物流和信息流都围绕着核心企业而运作，通过统一的目标把所有的供应商、制造商、分销商及零售商组合成一个高度统一化、规范化的整体，进而发挥出更大的作用。

供应链的敏捷性就是指整条供应链的快速反应能力，它不仅包括对消费者需求的快速反应，还包括对技术变更的快速反应。敏捷供应链以增强企业对市场需求的满足能力为指导方向，以构建整条供应链的动态联盟为基础，通过建立企业间的联盟使整条供应链能够更大限度地发挥作用。因此参与者必须从整条供应链的利益和能力出发，对整条供应链的综合反应和表现做出决策与评价，使整条供应链的成本降低，进而使商品的边际效益增加，实现利益共享的目标。

敏捷供应链是一种全新理念，在当今市场经济中，随着高科技的发展和消费者资源的不断丰富，敏捷供应链的作用更加凸显，主要表现在以下几个方面：

第一，速度优势。在当今互联网繁荣发展的时代，企业实施敏捷供应链战略的一个突出优势在于互联网传播信息的速度极快，且信息传播的覆盖面之广是以前任何时候都无法比拟的。企业按照敏捷供应链的观念来挑选自己生产的组成部分，可以使产品从客户需要到生产，一直到消费者的购买阶段，形成一个快速响应的过程，从而节约整个产品流动过程中供应链的时间成本。

第二，顾客资源优势。通过互联网技术，顾客可以方便快捷地在企业的网站上寻找自己想要的商品，并且根据自己的爱好和特殊要求，选择自己所需产品的机关信息，这些商业信息可以快速无误地传达给企业，使企业可以直接地了解和掌握客户的需求，从而有效地调整生产和运输等环节，迅速、准确地满足顾客的个性化、多样化需求，进而使顾客忠诚度在市场交易中不断地加强、客户资源不断地增长与稳固。

第三，个性化产品优势。依靠消费者信息反应的快速性和准确性，依靠组织联盟的多层性和技术管理的弹性等方面的优势，供应链联盟可以生产出更加多样化、个性化的产品，使客户在满足自己对产品的基本需要的同时，兼顾自己的兴趣和爱好。

第四，成本优势。企业大规模生产使得产品成本降低，但是在一定程度上却削弱了产品的个性。而在敏捷供应链中，产品的个性化和产品的成本不再相互矛盾。互联网为企业提供了获得消费者信息快捷便利的途径，使得企业可以采用零库存的经营模式降低交易成本，企业在兼顾产品多样性的同时，生产成本也大幅度降低。

(3) 供应链的绿色化

绿色是生命力的象征。绿色供应链最初是由美国大学提出的一个学术上名词。它是将生物学和环境学中的理念引入现代管理学中，并对供应链进行了具体的描述，是实现供应链可持续发展的一种具体途径。当环境问题日益被人们所重视的时候，生产过程的绿色环保成为企业可持续发展的保障。人们围绕着环境问题，提出了可持续发展战略，经济的发展要以自然生态的长期良性发展为基础，人们在生产过程中，在满足社会需求的同时，也不能破坏子孙后代的生活环境，这是一种综合性、前瞻性的发展思想。随着人们对绿色环保事业的重视，绿色供应链理论在现实生活中被企业管理者高度重视。在汽车行业，企业正在纷纷研究混合动力汽车和电力汽车，从而减少汽油的燃烧量，以提高空气质量，保护整个地球的环境；在家电行业，家电的耗能量减少且有害物排放量降低；在废品回收行业，产品可以循环利用，从消费者手中回到生产企业。绿色供应链是将可持续发展的思想融入供应链的生产过程中，从产品的设计阶段就以可持续发展为目标，在产品生产和销售的各个环节中，无时无刻不体现出绿色环保的思想和精神。再循环与废物利用思想使得整条供应链成为一个可循环的生态圈，通过企业间的紧密合作，使得这个可循环的供应链生态圈协调运行，实现效益与环境的平衡。

绿色供应链管理的基本原理包括：共生原理，要时刻铭记供应链联盟是一个整体，而不是单个企业的事情；循环原理，在处理供应链问题时，要将整个供应链看作一个可循环的再生过程，而不是一次交易便结束。绿色供应链可以在经营模式和战略方面增强企业在市场上的竞争力；帮助企业冲破贸易壁垒，使企业之间可以顺畅地进行贸易往来；有利于从整体层面把握整条供应链的环保指标，使得供应链的运行不会破坏环境和生态；有利于企业资源的合理配置，从整体层面把握企业的走向。

(4) 供应链的柔性化

供应链运行过程中，在消费者信息、市场波动以及系统内部整个供应链的运行方面，都会不时出现无法预料的难题，有些可以在实践中不断改进，但有些市场经济的必然产物，只能根据正确的原理和理论知识，采取相应的措施进行规避，期待取得更好的结果。这些特点要求整条供应链拥有一定的柔性，可以在供应链出现差错的时候，给人们相应的时间和空间采取补救的措施，而不是一挫即败。

所谓柔性是指企业在经营过程中遇到问题的时候可以快速响应变化的能力。柔性理论本是物理学中的概念，学者们将其应用于经济学中，并以此为基础建立了供应链柔性管理体制。它是指企业对环境和资源的反应灵活性和敏锐性不断发展和完善，使得供应链运行更加顺利和通畅。一般情况下，供应链的柔性主要体现为组织管理的柔软性、人员管理的柔软性和生产能力的柔软性等，这些都是提高企业市场竞争力的关键因素。

供应链的柔性主要包括以下三种类型：产品柔性、时间柔性和数量柔性。其中，产品柔性是指产品不是一成不变的，而是在一定时间内可以根据外部环境的变化，引入新产品的能力；时间柔性是指供应链响应的速度，即供应链从获取消费者信息到生产出产品满足消费者需要的时间；数量柔性是指供应链对顾客的需求数量的变化可以快速地做出反应，不会出现供不应求或者是供大于求的情况。

构建柔性的供应链体系要从供应链的各个方面入手。首先要以消费者的需求为目标构建供应链体系，企业的战略与机构都要满足消费者的需要，在信息和技术共享的基础上，生产和销售各个部门之间可以更好地配合，使供应链出现问题的时候，整条供应链体系可以快速反应。其次要发挥供应链各个环节之间的连接与润滑作用，加强供应链中各个企业间的连接，使得供应链中各企业的工作可以顺利进行，避免在供应链的节点上出现不必要的麻烦。最后要使整体利益最大化的思想贯穿整个供应链，从整条供应链的利益出发、从系统的角度出发来解决供应链中遇到的问题，实现信息共享和技术共享，加快物流速度，最大限度地促进整条供应链的利益最大化。

1.2.2 供应链中的竞争与合作

供应链的发展现状使得企业间的竞争越来越激烈，环境的多变性、消费群体的多样化、时间的宝贵性、市场的不确定性使得原本仅仅依靠自身产品和服务的企业在激烈的市场竞争中，竞争力越来越弱。不仅在原材料、物流等方面，需要企业间更多合作；在金融和货币流通领域，企业间的相互合作也显得异常的重要。于是过去相互竞争的企业开始逐步调整传统的竞争策略，尝试达成一种合作联盟，以追求整条供应链的总利益为最终目标，这种联盟关系即被称为竞争合作(竞合)关系。

以往的供应链中有横向上的竞争和纵向上的合作。在横向竞争方面，市场中除垄断行业外，在一个行业中总存在着不同的竞争企业，它们在市场上生产可替代且相互竞争的产品，通过价格和销量上的竞争来稳固自己在市场中的竞争力。在过去的市场竞争中，由于技术的落后和环境的固定性与局限性，企业之间有单纯的竞争关系，它们为了争夺顾客开展价格战和销量战从而造成产品市场的波动，不仅使消费者的利益受到损害，也减少了企业的利益，这不符合企业生产经营的目的。随着科技的发展，技术手段日新月异，经济全球化使得企业无法只依靠自己的力量完成在特殊时代的转型。大数据时代的来临，更是要求在不同企业间实现信息的共享，从而更加准确和快速地掌握市场的信息；高科技的快速发展也要求企业可以更加快速地更新和接受先进科技带来生产线的变化。这些都是单个企业所无法完成的，需要相同或者不同行业中企业相互合作、相互配合，增加整体利益。企业间通过相互的信息共享、技术共享和资金互补，可以更好地稳固行业发展。企业间的信息交流使得企业可以建立更加完备的有关市场和消费者的信息系统，从而更加准确地把握和预测市场，对生产线做出及时的调整，提高企业的市场敏捷性。合作联盟具有很多的优点，但是也有不足。企业间的联盟使得企业可以共享技术，产品的相似度提高，可替代性越来越强。这在一定程度上削弱了产品的个性和差异性，加剧了产品在市场上的竞争。但是这些缺点无法掩盖由于企业联盟所带来的在技术、信息和资金上的优势与利好。在纵向合作方面，供应链中的上游企业、中游企业及下游企业间由于相互供给而形成紧密的合作关系。一个产品的诞生需要很多企业相互配合，使其从最初的原材料到消费者手中满意的产品，在这条生产链上每一个企业都发挥着不可替代的作用。因此，产品的核心企业要和整条供应链中的原材料供应商、加工商、物流公司等一系列的参与者建立畅通和良好的合作关系，只有这样才能使产品可以更好更快地流向市场，满足消费者的需求。

供应链中的各个企业都是一个独立的节点，原有的供应链存在着横向和纵向的分层，而在新型的竞争与合作关系中，横向的竞争与合作关系和纵向的竞争与合作关系共存。在供应链中，企业为了在市场中占有一席之地，在产品的生产和销售过程中与其他竞争企业进行竞争，以获取更多的利益。但在竞争的同时，企业间又进行一定的合作，共同分担一定的责任。例如：风险性的分担，企业在引入新技术和新产品的时候，都会有一定的风险，如果企业间进行联合，就可以减少企业所承担的风险；成本的分担，企业在生产和发展过程中的技术改革或者创新都需要投入大量的财力、人力和物力，单个企业往往能力不足，企业间的联合可以减少每个企业因为技术改革而占用的资金量，从而更加有利于企业的发展。横向企业间的联合使得企业之间的竞争更加合理化和系统化，它们可以在一个相对比较透明和公平的环境中进行竞争；而企业之间的合作加强了供应链对不确定环境的适应和抵抗能力，也可以防止出现企业垄断。

纵向竞争合作是指供应链中的上下级企业之间存在的一种商业关系。在早期的供应链中，上下级的企业之间只有合作关系，它们相互提供着彼此需要的原材料、零部件或者服务，由于它们之间仅存在着商品和资金的相互转移与资源的再次分配，表面上看不存在共同的利益，这就使得它们在合作的时候只顾及自身利益。当企业间建立竞争与合作关系后，它们的合作就是一个动态的过程，不是一次交易便结束。竞争是动态的，合作是长期的，它们通过动态价格机制，寻求有效的合作方式，不断地协调双方利益，最终使得交易双方在合作中均能实现利益最大化，同时也提高了供应链的效益。在供应链中，横向与纵向的竞争与合作程度随着不同的企业特性和在供应链中所占的不同地位表现出不同的特点，这一点将在后面的章节中予以具体的分析。

1.2.3 问题的提出

本书在总结上述现实问题的情况下，通过分析其中所蕴含的科学原理和经济含义,对上述提出的问题进行提炼和升华,形成抽象的科学问题,用经济学原理对问题进行深化和总结,运用管理科学的办法对供应链中企业与企业之间、供应链与供应链之间的竞争与合作关系进行分析和研究。本书以产品的生命周期为主要线索,将产品从原料供应到消费者手中的过程分为不同阶段,并研究每个阶段供应链中的具体问题,包括:

1)在完全信息下,讨论了企业的供应商选择策略。市场中存在着不同类型的供应商,有单纯的第三方供应商,也有同样拥有终端产品的企业。本书讨论了当企业面对不同类型的供应商时应该如何去选择合适的供应商;且在最初模型的基础上,讨论了当不同类型的供应商提供完全相同的零部件,但是生产成本不同时,供应商选择策略如何改变;当不同类型的供应商提供的零部件有差异时,企业又该如何选择供应商,及企业收益在不同情况下的变化。在研究完全信息的基础上,考虑信息不完全的情况。企业在选择供应商时,供应商往往拥有私人信息,此时企业无法完全掌握供应商的信息。当面对信息不对称的情况时,企业该怎样去选择优秀的供应商并促使其生产出优良的产品?本书引入委托代理模型来研究供应商选择,在供应商信息完全和不完全的情况下,研究企业如何制定出有效的合同使得供应商可以选择相对应的工作,如何制定出激励机制和审核机制使得在逆向选择问题中供应商可以如实提供自己的信息,多阶段的委托代理机制和事前审核机制又会对企业的收益产生怎样的影响。

2)企业为了确保产品在市场中拥有强大的竞争力,就要不断对产品进行研发,那么,将研发环节进行外包是否是正确的选择?如果将产品研发外包给竞争对手,势必会出现技术泄露和产品相似度增加,这是否会影响企业的最终利益?当消费者了解到两企业的产品使用相同零部件时,又会给企业的收益带来怎样的影响?企业可以通过怎样的手段来减少产品竞争?收益又将怎样变化?当有产品竞争的企业在市场中面临着不同的提高产品竞争力的方法,如产品研发或者广告营销时,企业该如何选择?在考虑竞争对手的选择时,它们之间的博弈结果又是什么?当市场类型也不确定的时候,企业要如何选择?

3）企业为了进一步巩固自己的优势地位，会努力去研发产品新功能，去扩展更加广阔的市场，但企业往往对新市场了解程度不足，须通过直接或者间接的方式去获取准确的市场信息。当企业和供应商进行信息共享的时候，该怎样去预防和避免信息泄露的问题？企业选择怎样的战略与行动可以减弱供应商泄露信息的动机？当供应商泄露关于企业的订货信息时，企业的竞争对手是否一定会按照泄露的市场信息来部署自己的战略？当市场中供应商的数量增多时，是否能减少信息泄露现象，使得竞争对手对泄露信息的关注度减弱？在不同的情况下，企业间的收益如何变化？企业在争取政府支持的过程中，如何展示自己的策略？如何在政府政策支持下发展企业？

本书在后续的章节中将对上述问题进行详细的解答，引入市场中的真实商业案例，针对案例中企业间的关系与问题进行分析，提炼出现象背后的科学问题，用学术性的语言升华问题，选择合适的方法建立模型求解，并结合求解进行定量和定性分析。本书所研究的问题是现实经济市场发展过程中企业所面临的亟待解决的问题，因此以现实为背景，升华和提炼这些问题，并用数学、管理学、经济学等一系列科学方法进行分析和求解，使得结果可以在现实市场竞争中得到应用，为企业提供参考和借鉴。

1.3 研究意义

当今社会是一个各类资源大融合的时代，具有比以往更加丰富的内容。企业间竞争与合作相互渗透，单纯地依靠技术去提高供应链的效率、调整供应链运营已经无法满足当前市场竞争发展要求，一条供应链的成功更加依赖于供应链中企业间的竞争与合作。企业合作是供应链运营的基础，只有通过建立长期稳固的合作伙伴关系，供应链中的企业才能实现共赢，从而促进整条供应链的顺利运行。企业管理者指出，维持供应链的稳定性可以使得企业在运营过程中得到更多的潜在利益。稳定的合作关系需要企业在长期的合作过程中熟悉各自业务流程，共享信息。合作关系的建立需要企业间相互沟通，相互信任。合作伙伴关系能减少供应链的不确定性，降低企业运行的风险，最小化企业的财政危机，简化日常管理，节约企业运行成本。在竞争与合作关系中，由于环境不同，企业的文化和能力也不相同，因此没有特定的竞争与合作关系模板。企业要在变化的市场竞争环境中，在面对不同的竞争对手时，通过对企业能力和地位的权衡，在追求利益的同时，达到博弈的最优值。供应链联盟的形成和存在是一个动态的过程，是企业处于不同层次、水平和状态情况下的相互合作，同自然界中生物链的形成有些类似，是永久变化与相对稳定的结合，也是在逐步了解对方合作策略的过程中不断改进自身合作策略的过程。随着供应链管理越来越引起社会的注意，供应链中企业间的竞争与合作关系也引起了学术界的关注和研究，成为供应链研究的一个重要课题。

在大多数的情况下，合作可以给企业带来很多的优势。传统意义上的竞争更加强调企业间对立的一面，但是随着经济融合度的加深和经济全球一体化，现在所谓的竞争只在一定范围内存在，研究竞争的同时更加倾向于研究竞争过程中的合作。在过去的研究中，多数学者对合作的研究主要局限于上下游企业间，因为它们之间存在着供需关系，所以容易理解合作的缘由。但是随着经济的发展，在供应链中出现了新的合作现象，即竞争伙伴间的合作。学术界正在广泛研究有竞争关系的企业间合作，希望可以总结出竞争对手间合作的优势与不足。本书结合了供应链研究中热点话题，对供应链中竞争对手间的竞争与合作进行研究。从产品的原材料和零部件供应出发，对生产、研发、广告、扩展新市场等各个环节进行分析，时刻围绕着竞争对手间的竞争与合作关系，引入当下最热门的话题，例如供应商选择、科研机构选择、市场开拓等，讨论供应链中产品流通的各个阶段竞争企业间的利益。企业收益和市场占有率在单纯竞争与竞争合作两种情况下比较分析，且对不同市场类型下的竞争与合作分别进行讨论和分析，在完全信息和不完全信息状态下考虑企业面临的问题。本书时刻围绕着竞争公司在供应链中应该如何合作才能实现双赢的问题进行讨论和分析，引入产品和零部件质量、产品相似度、产品研发和广告营销等一系列参数，用以权衡企业间应采取怎样的竞争与合作程度才能使整条供应链管理结果最优。将信息经济学与供应链中的问题相结合，通过研究发现，供应链中企业间合作虽然在一定程度上削减了产品的差异性，使得产品在个性化方面有所欠缺，存在信息泄露的问题，但是整体而言；企业间通过原材料选购、产品生产、销售与研发过程中的合作，大大提高了各自的技术水平和竞争力，从而使得供应链更加稳固，整条供应链的运行更加顺畅。

1.4 研究内容与方法

本书在前人对供应链管理竞争与合作关系研究的基础上，吸收了经济学和管理学关于供应链的优秀研究成果，提出当前供应链管理研究中热门的话题，并进一步将理论知识和实践经验相结合，使得理论研究能够更好地为供应链运营服务。本书采用了多种研究方法，通过定量与定性分析，使得文章的结论更具有说服力。

1.4.1 研究内容

本书结合国内外丰富的著作和研究成果对供应链的产生和发展做了详细的研究，并对供应链的现状做了认真的分析。在对供应链研究的过程中，发现供应链管理在整个市场运行中的重要作用。一个企业能否在市场中处于不败地位，主要看它是否拥有一条科学合理的供应链，包括产品的生产、库存、运输、资金等一系列环节的良性运行。供应链运营管理是一个崭新的概念，它的产生是市场经济不断发展的结果。供应链运营管理是对整条供应链中的各个环节进行合理的规划和布局，包括成本管理、质量管理、绩效管理、金融管理等一系列相关举措，使得整条供应链在实际运作中更加顺畅，从而提高企业的生产能力、反应能力及抗风险能力，最大限度地满足消费者的需要。本书从辩证的角度分析和研究供应链管理，指出供应链管理中最重要的是对企业的管理，处理供应链中企业间的竞争与合作问题，是供应链管理的核心。企业间的竞争与合作不是单次性行为，而是渗透到了供应链的各个环节，从最初消费者需求信息的收集，到最后产品流入消费市场，时时刻刻都存在着企业间的竞争与合作，只有处理好企业在供应链不同时期的竞争与合作关系，才能使得供应链管理的整个过程顺利进行。本书分三个阶段对企业的竞争与合作关系进行了研究，分别是供应商选择阶段、研发与广告营销阶段、市场扩展阶段。本书在开始研究每个阶段的问题时，都引入了现实中的真实案例来阐述公司间的具体关系和活动，这一方面可以增加本书的趣味性，另一方面也可以说明本书研究的问题正是当前企业在市场不断发展过程中亟待解决的问题。本书通过分析不同阶段企业间存在的问题和采取行为策略后的企业收益变化，判断行动的优劣性，以便更好地协调供应链及企业的发展。具体研究内容如图1.1所示。

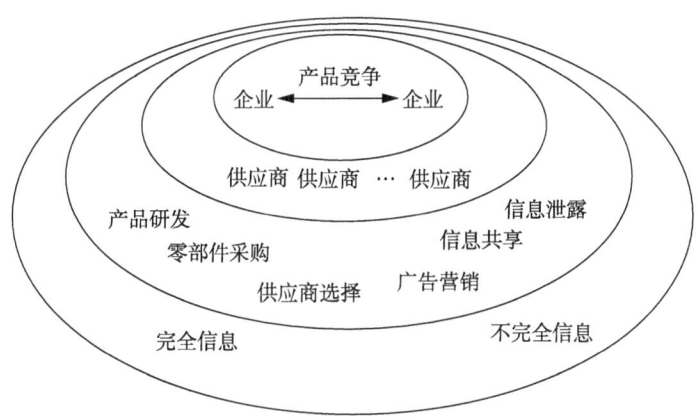

图 1.1　本书具体的研究内容

从图 1.1 中可以看出，本书的研究内容始终围绕着两个在市场上有产品竞争的企业展开，以它们为研究主体，研究在供应链不同时期其行为与收益。竞争企业的产品在市场中可以相互替代，且产品竞争的程度是不确定的。在市场中还存在其他的参与者——供应商，在产品的生命周期中负责零部件生产、零部件研发、产品组装等工作，使得企业的产品生产和销售可以更加顺利地进行。企业在整个供应链中开展了零部件采购、供应商选择、产品研发、广告营销、信息共享、信息泄露等一系列的活动，最终将自己的商品送到消费者的手中。在整个过程中，存在着关于市场或是参与者的信息完全和信息不完全两种情况。在研究过程中，企业面对不同的情况，会根据自己与对手的选择采取最优的策略，从而提高收益。

在研究产品零部件的供应商选择阶段，相比以往只是单纯地研究供应链中的纵向合作和横向竞争，本书将整个供应链体系看作一个整体，研究了一个立体的供应链网状结构，在供应链网状结构中的横向和纵向都存在着企业的竞争与合作。本书考虑供应链中存在多个企业的情形，在这些企业中有同时扮演零部件供应商和零部件买家双重角色的企业，也有单纯的零部件供应商。企业可能从不同的供应商手中得到相同质量的零部件，也可能得到不同质量的零部件。通过在不同的情况下对供应链的收益进行比较，得出最优的供应商选择方案。在研究过程中发现，企业间的合作在一定程度上削弱了商品间的竞争，从而使得整个供应链体系在企业合作的过程中取得更多的收益。考虑当信息不完全的情况下，企业通过合同激励理论来选择优秀供应商的过程，且在激励制度执行过程中讨论是否应加入事前审核。

在巩固产品市场的研发和广告营销阶段，本书考虑了整条供应链中企业间的竞争与合作效应。在供应商选择和产品研发方面，企业要考虑是将零部件的研发环节交给供应商，还是自己研发，且当其供应商可能是竞争对手时，是否还可以将研发过程外包；在产品研发和广告营销方面，考虑企业要采取怎样的行为来提高自己产品的竞争力，赢得更多的消费者，占领更加广阔的市场。不同于以往研究的是，企业在选择自身策略时，不仅要考虑两种策略对自身利益的影响，还要考虑竞争对手的选择对自身策略的影响。同时市场的相关因素也是不固定的，如市场总需求的变化、产品的市场占有率不同等，企业要根据不同的市场状况，选择不同策略，在竞争中取得更多的收益。

在市场扩展阶段，考虑在市场需求信息不确定的情况下，企业如何选择最优策略以取得最佳的收益。企业在进入市场前可以通过大量的调查来了解市场，也可以通过供应商或者销售商来获取市场的信息，从而在和竞争企业博弈过程中选择最优策略。考虑到企业地位不同，假设在位主导企业确切知道市场的信息，竞争对手企业不知道市场的信息，但是供应商可以在与主导企业信息共享的过程中泄露相关信息，分析此情况下企业的策略选择。讨论当存在其他供应商的时候，竞争对手企业通过对信息优势和供应商批发价优势的衡量做出自己的决策。在争取政府政策和财政支持过程中，企业要考虑如何在竞争中突出自己的策略优势，是否与竞争企业合作，如何合作，才能赢得政府对行业改革的支持。

本书对供应链管理的相关研究进行了回顾和总结，结合当前供应链中存在的问题，提出建立供应链联盟，包括供应链中上下级企业以及企业间的竞争与合作。用动态和发展的眼光去思考与分析问题，以产品生命周期的不同阶段为分割点，对供应链管理过程中企业间的竞争与合作进行具体的分析，从而更好地指导实践，使企业在市场竞争中更加具有竞争力。

1.4.2　研究方法

本书应用了多种研究方法来研究供应链管理中遇到的问题，以管理科学的研究方法从辩证的角度来研究问题，通过模型求解和数据分析，结合实际，对相关问题进行科学性的研究。

(1) 逻辑思维的研究方法

逻辑思维的研究方法是社会科学研究过程中经常采用的方法，是指在对文献和资料进行整理的基础上，采取定量分析方法，使其研究的结果从定性分析的感性认识上升到定量分析的理性认识。但是此方法和经济学中的方法有所不同，它无须模型和公式，而是发放问卷，将研究问题进行细分，划分出不同的指标，对指标进行打分，得到定量的统计结果，再对其内容进行分析。本书中逻辑思维的研究方法主要体现在对以往相关研究成果的查找和整理过程中，在归纳总结的过程中找到问题的关键点，并结合理论与实际，运用自己所掌握的知识对问题进行分析和研究，得到满意的结果。

(2) 辩证的研究方法

辩证的研究方法要求在研究问题的时候从不同的方面去思考问题，既要看到事物存在好的一面，也要看到事物存在不好的一面，不能一味地对事物进行赞美或否定。在研究供应链管理中企业合作联盟的时候,既要分析和研究供应链联盟给企业与供应链带来的好处,即成本降低、信息共享、技术共享等,也要看到供应链联盟可能带来的坏处,如产品相似化增加、信息泄露、专利侵权等。

(3) 比较法

比较法是社会科学研究中普遍采用的方法,是将企业不同的策略、不同的产品既在宏观方面进行比较,也在微观方面进行比较,以总结出不同企业策略的优点与缺点,对其缺点进行改进,对其优点加以学习,从而促进供应链企业联盟的健康发展。

(4) 整体主义方法

供应链分析中整体分析方法是和个体分析方法相对应的,它是指在供应链的分析中,出发点不是基本的单位,而是将所有的事物看作同一个整体,采取统一的标准进行分析,不仅考虑其中个别主体的利益,还要考虑其他主体的利益。运用整体主义方法的优点在于具有全面客观性,避免得出片面的结果,使调研结果具有代表性和可信性。

(5) 事前分析法

事前分析法是一种预测性的分析方法,是在市场情况不确定和变化的情况下对供应链的一种研究尝试。供应链的事前研究是一种规范,是对供应链运营结果的一种预测。在进行事前分析时,比较供应链运转和执行可能出现的结果,选出最合理的方法,从而促进供应链的发展。

(6) 管理科学的研究方法

用管理科学中的方法来研究供应链管理中所遇到的问题,将定量分析和定性分析相结合,主要有博弈论、激励理论、决策理论、决策模型、价格竞争理论、Hotelling 模型等多种方法和模型。

第一,博弈论是管理科学方法论在供应链管理的研究过程中最早使用和最常使用的分析方法,其中最著名的是囚徒困境。博弈论的方法之所以在供应链中可以得到广泛的应用,是因为其分析主体和供应链中的行为主体有着高度的一致性。博弈论是人们在不同的环境下，在考虑外力作用下的一门策略选择理论。企业经营中的策略选择不是自我的和无约束的，它是企业在不同环境和条件下，根据自己的实际情况做出的选择，这和博弈论中参与者相互影响的关系类似。

第二，激励理论是现代企业管理中常用到的理论。激励理论是在委托代理理论的基础上，委托人通过激励代理人更好地完成职责和任务来实现自己利益的方式。激励理论通过对参与人的分析，建立合理的奖励和惩罚机制，使得参与者在机制中可以更加积极地发挥自己作用，顺利完成工作。这正是供应链管理过程中不可缺少的部分，是供应链运营的机制保证。

第三，决策理论是运筹学中的重要理论。企业在供应链的运行中往往会遇到一系列不同的问题，如供应商选择、商品研发、广告收入等。企业在不同时期做出正确的选择，需要决策理论的支持；企业根据条件和参数，对每个选择进行分析。这些选择往往会影响企业的发展和经营，通过决策分析理论对结果进行客观而定量的分析，就可以得出有利于自发展的策略。

第四，价格竞争理论和数量竞争理论。价格竞争理论和数量竞争理论是商品市场上常用到的理论。产品在市场中进行价格竞争，当商品无差异时，价格越低就会拥有越多的消费者。企业会尽可能地降低商品的价格，争取消费者，但是并不是价格越低越好，因为当价格低于成本的时候，企业就不会得到任何的收益，销量越多损失就越大。因此，企业在给商品定价的时候，要根据商品的生产成本、市场需求、竞争对手的市场定价等一系列的因素来做出正确合理的决定。数量竞争是指企业在备货的时候要考虑到竞争对手的订货量，从而决定自己的订货量。如果商品在市场中的数量太多，就会供过于求，造成商品价格下降；如果商品数量太少，就会供不应求，同样会引起市场混乱和不安。

根据上面的理论，在问题的研究和分析中引入相关的模型和公式对所要研究的问题进行建模与求解，根据结果进行定性和定量的分析，就可以得出正确的结论。

1.4.3 研究结构

本书用管理科学的理论和方法研究了供应链管理中所遇到的问题。在研究的过程中，对以往的相关知识和研究做了详细介绍，也对文中所用到的相关理论进行了说明。本书的思路主要是通过对以往研究的概括，提出并分析问题，进而给出自己的观点和模型，计算得出结论，并结合实际对结果进行分析。

第1章"绪论"主要介绍了供应链和供应链管理的相关概念，供应链理论的产生与发展现状。在回顾已往研究成果的基础上，提出了本书的研究背景、研究意义和研究问题，且对本书的研究内容和研究方法进行了详细的介绍。在研究内容中罗列了本书重点要研究的问题和观点，在研究结构中对文章的结构进行了叙述，根据结构图进行说明。最后总结出文章的创新点，使得本书在结构和内容上显得更加完整。

第2章"相关理论基础与文献综述"主要分为两个部分：第一部分主要是从六个方面分析了国内外对供应链管理的研究动态，按产品从生产到销售的不同阶段来分析供应链管理中企业间的竞争与合作关系产生的作用和影响。第二部分则是介绍了国内外对供应链管理的研究方法。通过分析相关文献，在丰富研究内容的同时，发现和提出当前研究的问题与不足。

第3章"供应链运营中企业供应商选择策略博弈分析"讨论了如何建立合理的管理机制和激励机制，以选择优秀的供应商，并激励供应商努力工作，使企业的收益最大化。

第4章"供应链运营中企业零部件外包策略博弈分析"主要分为两个部分，分别研究了企业在选择零部件供应商时所遇到的不同情况。当不同企业供应无差别的零部件时，或者不同企业供应不同质量的零部件时，有竞争关系的企业将如何竞争与合作，企业又能在这些竞争与合作中获得怎样的收益。

第5章"供应链运营中企业产品研发策略博弈分析"介绍了供应链中竞

争企业如何通过研发降低生产成本、提高产品性能,通过开发新的产品提高企业的竞争力。现代企业为了不让自己在市场中落后于其他企业,会非常重视产品的研发和科技的创新,使得自己的产品在市场竞争中始终占有有利的地位。

第6章"供应链运营中企业提高市场竞争力策略博弈分析"介绍了供应链运营过程中,广告营销在市场营销中的地位。产品生产的初期需要开展广告营销来拓展市场,通过广告使得消费者对产品有所了解,挖掘潜在消费者。通过对产品研发和广告营销的研究与分析,指出企业在面对不同情况下可以做出的最优策略选择。

第7章"供应链运营中企业信息共享策略博弈分析"介绍了企业在市场信息不确定的情况下,如何通过预测或获取泄露的信息等方式对市场需求进行决策。文中针对当前供应链信息共享过程中存在的信息泄露难题,构建由一个供应商和两个竞争企业组成的两阶段供应链模型,其中两个企业之间存在古诺竞争,市场需求具有不确定性,以一定的概率出现高需求和低需求两种状态,供应商与两个相互竞争的企业之间签订收益共享契约,且供应商拥有企业的订货量信息。分析在此情况下,企业将如何利用收益共享契约削弱供应商泄露信息的动机,并在市场中进行商品产量竞争。

第8章"供应链运营中企业与政府合作策略博弈分析"介绍了政府和企业合作过程中,企业如何通过努力使得政府接纳其改革策略,以及政府如何督促企业努力经营。

第9章"总结与展望"对全书的内容进行了概括,并指出研究过程中的不足和今后将要努力的方向。

1.4.4 研究创新

本书在总结前人对供应链管理研究的基础上,对供应链运行过程中企业间的竞争与合作关系做了进一步的研究,对一些问题进行了深化和创新,主要包括:

第一，以往供应链运营的研究大多局限于横向的研究或者纵向的研究，且研究对象通常为两个。本书将企业间的竞争与合作延伸到了更多的企业之间，将横向和纵向相结合，往往涉及三个或者四个企业间的竞争与合作。这使得供应链管理的研究结构从线性单方面扩展到了立体网状结构，增加了供应链的复杂程度。在现实情况下，供应链管理涉及多个企业，是非常复杂的问题，不会单单局限于两个企业之间。本书将供应链管理的研究扩展到供应链网络空间中企业间的竞争与合作，使得研究更具有现实性。

第二，在研究供应链运营过程中供应商选择问题时，考虑了市场中同时存在竞争企业和第三方供应商的情况。在本书中，竞争企业既在市场中有参与竞争的可替代商品，也是商品所需零部件的生产商和供应商，企业在面对供应商选择时，决策问题就变得更加复杂。本书不仅考虑供应商类型不同时，企业对供应商的选择；还考虑在零部件质量不同和质量相同的情况下，企业对供应商的选择。这些都是以往论文很少涉及的问题。同时，本书还研究了企业与供应商的合同制定和监督审核问题。

第三，本书结合供应商选择、研发和广告等措施研究供应链运营过程中提高产品价值的方法。企业既要考虑零部件研发是否外包的问题，也要考虑零部件研发外包所带来的企业收益变化。并且在市场饱和与不饱和的条件下，考虑了企业面对产品研发和广告营销时，应该怎样选择合适的策略来提高企业竞争力，从而更好地帮助企业在市场运行中做出决策。

第四，本书在信息不对称的情况下，讨论了企业进入市场时如何预估产品销量制定的问题。考虑在销售过程中存在销售成本的情况，建立收益共享契约模型。通过求解不对称信息下的博弈模型，得到参与者之间的分离均衡，并对不同情况下参与者的收益进行讨论。通过研究发现，削弱供应链中供应商泄露信息动机的关键是：企业可以通过收益共享契约使供应商不泄露信息，且企业销售成本的增长可以进一步削弱供应商泄露信息的动机；在市场中引入多个供应商，不仅可以阻止供应商泄露信息，还可以减弱竞争企业获取不正当信息的意图。同时建立多委托代理模型，可以促进企业与政府间的合作。

1.5　本章小结

当前，供应链运营管理在市场中备受企业的关注，企业成功与否在很大程度上和供应链的发展有关。供应链的建立是企业生存的第一步；当其建立之后，对其进行管理也是企业必不可少的工作。供应链运营管理是一个新兴的管理科学研究方向，是在日常市场活动和产品交易过程中产生的，适应时代的需求。在生产力和经济高速发展的今天，供应链是企业发展过程中非常重要的部分。本章通过对供应链管理概念的引入和分析，描述了供应链管理的产生和发展现状，通过对供应链运营管理的介绍，引出了本书的研究背景和研究意义，并对研究内容和研究方法进行了总结，得出了本研究的创新点。

第2章 相关理论基础与文献综述

2.1 供应链的全球化

随着生产和资源的国际化，供应链全球化的进程越来越迅速。Ferdow (1997)认为，企业在其他地方建立工厂，或是将部分业务外包，可以在交易和运输中取得收益。学者们(Dornier, 1998; Wood, 2002; MacCarthy & Atthirawong, 2003)指出，由于供应链的全球化，使供应链之间联系越来越密切，充满着竞争与合作，从而使得全球化供应链难以管理。20世纪80年代后期，大量学者开始研究供应链全球化带来的问题，出现了很多优秀的成果。在90年代，Hodder & Jucker(1982)在文章中最早提出供应链全球化问题，并尝试用一阶段的模型来解决供应链全球化中存在的问题，这个模型考虑了成本和收益共享机制，可以更好地解决市场全球化后生产当地化的问题。在考虑供应链基本要素的基础上，研究了外包供应商在当地享有政府支持政策和税收等问题，因为这些问题往往会影响到产品的成本和价格。Breitman & Lucas(1987)通过分析美国通用公司案例，建立了PLAN-ETS模型，来研究供应链全球化以后，供应商的建厂、生产能力、材料来源等一系列的问题。这个模型通过假设最大限度地实现了客观性对于研究供应链全球化后多层次交易具有参考价值。文中重点指出了全球化供应链的重要参数集是由市场更新的速度和运输成本组成的。Cohen & Lee(1989)在其文章中，对供应链全球化做了详细的研究。他们设计了一个供应链的模型，其中包括一系列供应链建立过程中应该注意的策略点，使得企业可以应用此模型建立起自己的全球化供应链。文中指出，供应商在供应链中具有重要作用，提出了供应商选择的标准，且研究了三层关系的供应链体系。80年代，由于供应链全球化刚刚兴起，学者们在研究过程中遇到了大量的问题，他们更多的是在研究中发现问题，并尝试用简单的方法去阐释问题。到了90年代，出现了大量的研究，这些研究是在前人的基础上，通过在更大范围内研究供应链体系而取得的惊人成就，如Haug(1992)、Kogut & Kulatilaka(1994)、Arntzen(1995)、Canel & Khumawala(1996, 1997)等。他们应用更多的理论和方法去研究供应链，研究的对象从单个市场、单个供应商扩展到了更多的市场和供应商。Rosenfield(1996)指出，将产品外包的时候，企业通常会考虑产品没有成本或者是时间延误的因素。Huchzermeier & Cohen(1996)通过模型分析认为，全球化供应链建立过程中包括供应商选择、产品生产地和销售市场划分等步骤。Kouvelis & Gutierrez(1997)将报童模型引入了全球化供应链研究中，考虑了最小成本和最小库存等问题。同期用模型和实例对全球化供应链做出研究的还有Dasu(1997)、Munson & Rosenblatt(1997)。2000年以后，经济全球化越来越显著，越来越多的企业将自己商品的原材料或者零部件外包给其他地区的供应商，Vidal & Goetschalckx(2001)、Hadjinicola & Kumar(2002)、Lowe(2002)以及Nagurney(2003)都对全球化供应链做了详细的研究，为企业的全球化进程做出了贡献。

2.1.1 供应链中外包业务

随着全球化的进程加快，越来越多的企业为了突出自己的优势，而将自己相对弱势的产业外包给其他的企业或者供应商。很多供应商不仅具有技术和人力的优势，还拥有地理位置优势，可以减少原材料和产品的运输费用。关于外包的定义，不同的学者有着不同的界定。起初外包的定义来自信息系统中关于子合同的定义，很多学者根据其在信息系统中的作用而界定外包，如Aubert(2004)、Lacity & Hirschheim(1993)、Loh & Venkatraman(1992)、Teng(1995)。而在近期的研究中，外包被赋予了更多的功能与活动内涵，例如"制作或者提供""拆分或者组合"的活动(Ford & Farmer, 1986; Gilley & Rasheed, 2000; Perry, 1992)。外包是将原本在企业内部的活动转移到企业的外部去,这种转移包括将计划、发展、生产等转移给独立的第三方(Rothery & Roberson,1996)。Blumberg(1998)指出,外包是通过合同和第三方建立的生产过程,将一些消费者的业务交给第三方公司。Sacristan(1999)指出,合作协议是外包中重要的组成部分,是将不同的公司通过合作联系起来,这些公司往往在某些方面有着特别的地方,能在某个时期发挥自己的作用,提供原料或者是满足物质的需求。通过研究可以将学者们对外包的定义分为三类:第一,外包阐释的是一种稳定而长期的合作契约,在这种关系中供应商是战略伙伴,通过交易关系将相互独立的企业联系起来,如 Mol(2005)、Quelin & Duhamel (2003)、Sacristan(1999)。第二,企业可以将自己的活动或者服务外包,因为他们认为活动和服务不是企业的战略性策略,如 Casani(1996)、Lei & Hitt(1995)、Quinn & Hilmer(1994)。第三,外包是一种活动,通过合同将知识、技术、责任等一系列的活动进行传递,如 Blumberg(1999)、Greaver(1999)、Saunders et al. (1999)。人们对外包的内容同样进行了研究。RBV(Resource-based View)理论为公司做出正确的外包决策提供了理论基础,对企业来说,外包还是自加工是一个难题(Barney,1999;Gainey & Klaas,2003;Grant,1991)。随后,Gilley & Rasheed(2000)提出,资源应该被收回,资源的缺失会使得企业丧失竞争力。外包在供应链中的作用越来越明显,使得在供应链全球化过程中供应商的选择问题再一次被重视。

2.1.2 供应链中供应商选择

经济和技术的迅猛发展,使得企业很难在所有的技术领域中都拥有一流的地位。企业往往将产品的核心技术掌握在自己手中,而将越来越多的技术和零部件外包给供应商。在最初的外包过程中,企业往往抱着一次交易便结束的心态,供应商变化较频繁。随着经济全球化的发展,企业开始寻找那些有信誉、能够提供高质量产品的供应商,且和有一定实力的供应商建立供应链联盟。在供应链联盟中,不仅仅外包原料和零部件,还会将一些研发技术外包。供应商选择问题的研究涉及的领域非常广泛,从概念到实证和模型，都是研究供应商选择的方法（Talluri & Narasimhan，2004）。60年代中期，开始出现众多对供应商选择标准和方法进行总结的文章，包括Moore & Fearon（1973）、Kingsman（1986）、Holt（1998）、De Boer et al.（2001）、Aissaoui et al.（2007）以及Ho et al.（2010）。根据Wang & Yang（2009）的研究可以将研究供应商选择问题的方法分为三类：多目标决策法、数学模型分析法和人工智能分析法。其中Ho（2010）将多目标决策法又分为多属性分析法（SMART）、层次分析法（AHP）、网络分析法（ANP）和模糊集合分析法（FST）。Barla（2003）应用SMART方法研究了典型的制造行业中供应商选择的问题，研究了子合同的可靠性和执行能力。Huang & Keska（2007）则以计算机制造业为基础，应用SMART方法对供应商选择的成本、经济效益、安全性和环境等问题进行了研究。层次分析法是衡量供应商能力最常用的方法，这方面的研究包括Akarte（2001）、Chan（2003）、Chan & Chan（2004）、Liu & Hai（2005）、Chan et al.（2007）、Hou & Su（2007），他们分别从成本、库存、质量、服务等多个方面，对供应商的评价标准进行了研究。Sarkis & Talluri（2002）、Bayazit（2006）、Gencer & Gurpinar（2007）、Yang et al.（2010）则是采用了ANP方法对供应商的相关问题进行研究，而FST方法也由Chen et al.（2006）、Sarkar & Mohapatra（2006）、FlorezLopez（2007）、Tsai（2009）尝试着用于解决供应商的相关问题。

对于供应商角色的研究也经历了不同的发展阶段。起初，企业仅将自己的零部件外包给第三方零部件供应商，Gérard P. & Patrick T.（2013）研究了此类问题，他们认为合作可以降低生产成本。随着资源的流动和整合，越来越多的资源向少数大企业聚集，而这些企业往往相互之间又是竞争对手。Pun & Bo（2013）研究发现很多企业都选择将零部件外包给自己的竞争者，因为零部件外包给竞争对手可以降低生产成本且减弱竞争。Xu et al.（2010）、Venkatesh et al.（2006）的研究也指出企业合作在一定程度上可以减少企业的竞争。例如，苹果公司和三星公司是手机市场上强劲的竞争对手，据BBC News（2011）和Economist（2011）的报道，三星公司又是苹果公司的零部件供应商,为苹果公司提供手机和平板电脑的显示屏。松下公司的数码照相机和奥林巴斯的数码照相机在数码市场上竞争激烈,松下相机的主要电子零部件则是由奥林巴斯来提供。鉴于市场上企业间的合作竞争关系,不少学者对此做出了研究。Nam & Chaudhury(1995)应用了混合投标策略来研究在外包过程中供应商选择问题。Gupta & Weerawat(2006)建立了两阶段的供应链体系来研究企业间的竞争与合作关系。

2.1.3 供应链中企业竞争力

随着对企业间竞争合作问题研究的深入,人们发现竞争企业间的合作从零部件生产扩展到了技术和零部件的研发。Spence(1981)、Ghemawat(1984)研究指出,研发可以提高一个企业的核心竞争力,从而提高其占领市场的能力。Ghemawat(1991)的研究进一步指出,研发可以扩展产品的销售空间并降低生产成本。而在研发和应用零部件方面,企业间的竞争与合作又表现出不同的形式。三星公司为苹果公司研发和生产 Retina 显示屏应用在苹果手机和平板电脑上,但是三星公司自己却使用了和 Retina 显示屏有差别的屏幕;奥林巴斯为松下研发和生产的数码相机电子元件则与自家相机所使用的元件并无差别。Petit & Tolwinski(1993)、Anbarci(2002)分别对两个竞争企业相互合作研发有差异的产品和无差异的产品的问题进行了研究。企业对研发和广告的投入强度的大小则与企业今后的收益有着密切的关系。在现实中,企业的资源是有限的,因此企业在采取投资决策的时候会衡量投资的回报,很多学者研究并比较了研发和广告对企业的影响。Steenkamp & Fang(2001)分析了研发和广告这两种营销工具在经济扩张与经济紧缩时效果不同的原因和效果差异的大小,以及结果是否与产业周期有关。研究表明,研发和广告有益于企业绩效,但在整个经济周期中并不是恒定的,研发投资和广告投资在经济收缩时比在经济扩张时能带来更好的利润与市场占有率。如果在经济收缩时,企业面临紧缩的预算约束,维持研发能带来更好的企业绩效。Fosfuri & Giarratana(2009)以可口可乐和百事可乐 1999—2003 年在碳酸软饮料市场上的表现为例,研究了成熟产品市场中对手的产品创新和新广告对企业金融市场价值的影响。研究表明，对手的产品创新会降低本企业的金融市场价值，而对手的广告能增加本企业的金融市场价值。Grossmann(2008)研究了自主研发和广告支出的相互影响。分析表明，广告支出与企业规模正相关，研发支出与企业规模正相关，每个公司的研发支出与进行广告的激励正相关。Mizik & Jacobson(2003)研究了资源有限时，创造价值(研发)和占用价值(广告)的资源配比对股票收益的影响。研究表明，更强调占用价值而不是创造价值能带来股票收益的增加。胡本勇、彭其渊(2008)构建了生产商投资研发、销售商投资广告优势互补的供应链合作问题的博弈模型。研究表明，生产商在 Stackelberg 均衡时的收益大于 Nash 均衡的收益，当其边际收益足够大时才会承担部分销售商广告费用，而在 Nash 均衡中生产商不用承担广告费用。生产商的研发投入在 Stackelberg 均衡与 Nash 均衡时都与其边际收益正相关，销售商的广告投入与其边际收益在 Nash 均衡中正相关，而在 Stackelberg 均衡时负相关。张玉林、仲伟俊等(2002)利用完全信息静态博弈理论，对两企业间进行生产与广告投资竞争的模型进行分析。分析表明，企业的最优广告投资随着竞争对手广告投资的增加而单调增加，企业间广告竞争的纳什均衡解存在且唯一。吴崇、胡汉辉(2013)在考虑企业先后动优势、相对能力综合影响以及内外生环境不确定性的基础上，构建了不完全竞争市场的投资策略决策模型，并结合跨国公司在华投资实践，分析了初始能力、动态能力、先后动优势、内外生环境不确定性对企业间投资竞争策略的均衡条件和投资时机决策的影响。

2.1.4 供应链中信息共享

当前，信息经济渗透到了市场中的各个方面，供应链中的信息共享是企业和企业、企业和供应商合作的重要组成部分。信息共享的程度与内容、信息共享实现与维护，是供应链研究中的有趣课题。一些学者对供应链中的信息共享和不对称进行了研究。其中，Li(1985)研究了在供应链中企业与自己的竞争对手共享私人信息的动力和原因；Gavirneni(2002)研究了供应链中供应商与零售商之间信息共享的动机和机制;Cachon & Fisher (2000)研究了供应链中一个供应商与多个零售商之间需求信息和库存信息的共享问题;Agrell(2004)检验了当供应商拥有私人成本信息和投资机会时的供应链信息共享问题;Corbett(2004)则是建立了关于一个供应商和一个企业之间的收益共享模型,讨论了供应商如何通过契约去获得更多的信息;Lau(2006)研究了在零售商不能完全得知生产商生产成本的前提下,怎样决定批发价格和零售价格的问题。同样研究供应链的信息共享及信息作用的还有Li(2002)、Zhang(2002)、Li & Zhang(2002,2008)、Lee(2000)。已有越来越多的学者对供应链中信息流的作用感兴趣。

2.1.5 供应链中信息泄露

在供应链全球化的过程中,信息共享为供应链中企业间的合作提供了必要的基础,但是与此同时信息共享也会导致信息泄露。Singer(1999)描述了信息泄露在音乐行业所带来的影响,并指出信息泄露使得人们失去了控制数据的能力。随后信息泄露问题在供应链中涌现出来,学者们通过研究对信息泄露进行了总结。Hays(2004)指出信息泄露是由于第三方供应商被野心和贪念所驱使,把信息透露给合作联盟外的其他企业。Lee & Whang(2000)指出信息泄露的途径是不唯一的,供应商有可能通过正规途径泄露信息,也有可能通过非正式途径泄露信息。Murphy(2007)指出,信息有可能被供应链的下层企业所泄露,有时甚至是企业的客户。在其文章中还指出,信息泄露是很普遍的现象,是很难阻止的,即使是那些优秀的企业。Zhang & Li(2006)在其研究中用数据分析有力地证明了Murphy的观点。虽然信息泄露在供应链中的作用显得相对渺小,但有时候却会造成整条供应链的断裂(Salmon & Blasberg,1997)。Clemons & Hitt(2001)、Dye & Sridhar(2003)讨论和研究了不同环境中信息泄露的问题,前者是对产品专利权信息的讨论,后者则是对企业面对投资风险信息的讨论。还有一些学者通过大量的数据研究,说明了信息泄露的存在和其危害性(Domingo-Ferrer,2004;Deshpande,2005)。

2.1.6　供应链中竞争与合作关系

20世纪末，随着全球经济一体化进程的推进，企业越来越重视对供应链的管理，它们普遍认为一个良好的供应链可以使整个企业的运转更加顺畅。21世纪，随着信息化的发展，供应链的管理也发生了巨大的改变，供应链使得企业与企业之间的关系日益密切。市场上企业的竞争，就是供应链之间的竞争。21世纪最重要的管理模式是供应链的管理，成本优化、绩效管理等一系列的优化行为都在供应链中发生。企业想要占领市场和提高竞争力，就要积极地融入供应链的管理中，要处理核心企业在供应链中所扮演的角色，处理和上下级企业的竞争与合作关系，共同承担供应链运行过程中的成本和风险，最大限度地共享技术和信息，从而实现整条供应链利益最大化。

学术界也对供应链进行了深刻的研究和论证，希望可以在实践过程中帮助企业更好地发展。近年来，国外与国内的学者对供应链的前沿问题进行了持续的研究，取得了优异的成绩。关于供应链中企业间的竞争与合作问题的研究，渗透到了产品发展的各个阶段，学者们认为只要企业间存在着商业关系，就有竞争与合作。学者们对产品生产的各个阶段进行了大量细致的研究。

竞争与合作指的是两个或者更多的企业之间存在的相互依存的关系。Luo(2004)指出，竞争与合作对于企业来讲是一种双赢的局面，企业只要努力去占有总收益的最终分配比例即可，但是有时候分配比例的不均会引起企业间的竞争。因此Brandenburger & Nalebuff(1996)指出，合理的竞争与合作机制建立在成员最大化各自利益的基础上。竞争与合作使企业可以通过增加互补的利益来达成联盟。然而，竞争往往会导致企业间的冲突，让一方过于强调自己收益，从而导致供应链联盟的不稳定。因此竞争与合作联盟总收益的确定要具有一定的诱导性，使得付出比例较大的企业可以得到更多的补偿。竞争与合作联盟的形成，多半是企业目标和整体目标有着相同的地方，例如它们在供应链中同时扮演着供应商或者是买家的角色。竞争与合作机制主要作用是增加企业间的相互依赖性,如批发商和零售商、供应商和买家,与此同时,可以增加企业的集中运行、风险承担、策略弹性、回报增加和市场反应的能力。竞争与合作是指这两种关系发生在相同的企业之间,而不是与一个企业合作,与另一个企业竞争。这个结论是研究合作联盟的重要基础,在 Lado et al.(1997)、Dyer & Singh(1998)、Gnyawali & Madhavan(2001)的文章中进行了细致的对比研究。

早期竞争公司间的合作主要是知识的共享,知识共享被认为是供应链合作中重要的一步。Gold(2001)、Zack(1999)认为,要保持市场的竞争力就要共享组织的知识、技术和信息。许多学者指出知识共享是一条成功的供应链中不可缺少的元素(Alavi & leidner, 2001; Davenport & Prusak, 1998; Goodman & Darr, 1998)。随着经济的发展,竞争公司间的合作越来越密切,一些公司开始尝试着将自己的竞争对手变为自己产品的原材料供应商,或者是零部件供应商。Lim & Tan(2010)研究了一个生产商和不同类型的供应商在供应链的两个阶段的互动问题。研究发现,生产商从供应商处购买零部件将减少竞争。Venkatesh(2006)研究了一个拥有专利权的零部件制造商在其垄断市场中,是应该把零部件直接售卖给顾客,还是单纯的作为一个零部件供应商的问题。研究发现,零部件制造商应该同时将零部件销售给终端用户和自己的竞争对手,即使竞争激烈且下游市场饱和。作者还指出,当公司和其竞争对手合作的时候,这种竞争与合作的关系可以减少市场上的竞争。Xu(2010)则在 Venkatesh 研究的基础上进行了扩展,讨论了公司的外包决策如何增加产品价值。他发现,当两个相互竞争的公司付出努力去增加产品价值的时候,公司更加愿意将产品供应给自己的竞争对手,而不是直接销售给顾客。而且当公司将零部件供应给自己的竞争对手的时候,它不会恶意的扩大竞争,因为它可以从对手的竞争产品中取得一定的收益。张涛(2003)等以供应商选择为研究主题,在总结前人研究的供应商选择方法和标准中,提出了自己更加有时代性的供应商评价问题及方法。邹平、袁亦男(2009)以一个制造企业为研究主题,构建了供应商选择的评价体系,对指标的衡量标准进行了定性和定量的分析,提出了结合 EAHP 和 GRAP 的选择决策模型。通过实证研究证明，整个评价指标体系及选择模型是可操作、实用和有效的。田宇(2003)在总结集成物流服务供应商的特征基础上，综合运用 AHP 和 LP 方法，结合实例探讨了多元供应商选择以及最优采购量分配的问题。宋华(2008)从供应商的管理和采购成本问题出发，在收集大量数据的基础上，应用实证方法对供应商选择和参与问题对采购成本的影响进行了详细的分析，且进一步结合中国企业的现实情况，把我国特有的体制引入问题的研究中来，建立模型来分析供应商在采购中的作用。

2.2 理论方法综述

本书在研究供应链中竞争公司间的竞争与合作的过程中，涉及了管理科学中的一些方法论，主要有博弈论、契约理论、收益共享理论等，这些理论在以前供应链研究中就被学者所应用。本书是在前人学习和应用的基础之上，将几种方法综合，从新的视角，研究了在供应链中竞争公司间的竞争与合作。下面将对几种理论应用的成果进行大概的介绍。

2.2.1 博弈理论

博弈论是现代经济与管理学中不可缺少的理论基础和研究方法，供应链这个由不同群体参与的系统为博弈论的应用提供了良好的土壤。在供应链研究过程中，最初使用的模型是 Nash(1951)所提到的博弈模型，后来 Roth(1995)、Rubinstein(1982)的研究将讨价还价模型引入供应链的研究过程。Arrow(1965)、Pratt(1964)和 Yaari(1969)用博弈模型分析供应链中风险问题，Kihlstrom(1981)提出了两个人的讨价还价模型，用博弈模型得出了当一个参与者的利益增加，他的风险也会增加的结论。Bacharach & Lawler(1981)、Schelling(1960)、Cutche-Gershenfeld(1995)以工业生产为背景，用博弈模型讨论了在讨价还价模型中，参与者的讨价还价能力。在产量竞争方面，博弈模型为研究合作竞争机制提供了流行的工具，学者们也对其进行了大量的研究，如 Chiang(1994)、Corbett Groote(2000)、

Viswanathan & Wang(2003)。一些文献同样采用博弈论讨论了销量和订单之间的关系,通过研究最大化地节约生产成本和获得利润,如 Sucky (2005,2006)、Chan & Kingsman(2007)、Heuvel(2007)、Dai & Qi (2007)。在应用博弈模型研究最大化价格和订货量方面,做出贡献的还有 Abad(1994)、Lee(1993)、Lee et al.(1996)、Kim & Lee(1998)、Jung & Klein(2001,2005)。用博弈模型研究了市场的扩展和价格对需求的影响的还有 Freeland(1982)、Lee & Kim(1993,1998)、Sajadi et al.(2005)。博弈模型在研究供应链中存在的问题方面发挥着越来越重要的作用,它的假设前提能和供应链中的问题形成良好的契合。大量的学者应用博弈模型来研究供应链,不仅取得了学术上的成就,还对解决供应链中的问题提出了行之有效的办法,为供应链的健康发展提供了理论基础。

2.2.2 契约理论

契约理论可以在供应链中得到广泛的应用,是因为它可以通过有形或者是无形的契约,使得供应链中的参与者为了达到一定目的,而按照契约上的条款行动。Spengler(1950)设计了一个关于价格的简单契约,通过依照契约行动,参与者获得自己的最大化利润。Cachon(2003)则是为了实现整条供应链的效益,而制定了多种形式的合作契约。Lim & Ho(2007)、Ho & Zhang(2008)指出,有时供应链中参与者的行动失败是因为有太多的契约存在。Katok & Wu(2006)则是得出了可退回和收益共享契约在供应链运营中的不同作用。根据契约研究的不同出发点,可以将学者们的研究成果归纳成几个方面。以数量折扣为出发点研究供应链中的合约理论的有 Lal & Staelin(1984)、Monohan(1984)、Lee & Rosenblatt(1986)、Dada & Srikanth(1987)、Weng(1995),这些观点在 Dolan & Frey(1987)、Gallini & Lutz(1992)的文章中被系统地进行了研究和归纳总结。上述供应链契约理论的研究基础是需求量确定,而现在的研究则都是建立在需求量随机的基础上,如 Bernstein & Federgruen(1999),Chen、Federgruen & Zheng (2001)。从单一的公司采购决策出发,对现实的契约制定的研究包括

Scheller – WolfTayur(1997)、Duenyas et al.(1997)、Moinzadeh & Nahmias (2000)。此外还有对供应链合作过程中没有合同和有合同时的比较研究，包括 Iyer & Bergen(1997)、Fisher & Raman(1996)、Aviv(1999)、Aviv & Federgruen(1998)、Gavirneni et al.(1999)。有一些学者研究了在供应链的合作过程中离散型的合同在合作中的作用，包括 Corbett & Karmarkar (2001)、Erhun et al.(2000)、Ha et al.(2000)、Majumder & Groenevelt (2000)。契约理论在供应链中的大量应用，不仅为供应链中公司间的竞争与合作提供了坚实的理论基础，还使得人们在日常生活中对契约越来越重视。

2.2.3 Hotelling 模型

经济学家在试图研究资源所有者的行为问题的时候，常常会使用 Hotelling 模型，如 Hotelling(1931)、Levhari & Leviatan(1977)、Dasgupta & Heal(1979)、Farrow(1985)。当模型被赋予具体的数据时，所有者的表现将更加复杂，如 Farrow(1985)、Stollery(1984)、Miller & Upton(1985)、Halvorse & Smith(1980)。成本函数在现在或者是积累模型研究中成为主要的争议点，无论是在理论模型层面还是在实证研究层面，如 Hansen & Singlenton(1979)、Cairns(1981)、Epple & Hansen(1981)、Stollery(1984)、Epple(1985)。Hotelling 模型主要用来分析企业在市场中的分布结构，很多问题的研究都是关于垄断市场的研究，以在竞争中寻求一种均衡，如 Smithies(1941)、Losch(1967)、Greenhut & Ohta(1972)、Benson(1980)、Ohta(1980)。Capozza & VanOrder(1978)、Villegas(1982)在文章中对模型的特点及其作用进行了详细的总结，并对其进行分类，使得 Hotelling 模型可以更好地为学者们所用。

2.3 本章小结

本章对文中所用到的理论和知识点的相关研究进行了综述，不仅总结了下文研究问题的研究成果，还对下文中所用到的方法进行了总结。首先，对供应链研究过程中涉及的业务外包、供应商选择、企业竞争力等相关内容进行了界定和研究，并在信息经济学的基础上，梳理了信息共享和信息泄露的相关研究，总结了企业竞争与合作领域的研究成果。其次，对博弈理论、契约理论和Hotelling模型的研究文献进行了综述和评价。以大量学者们对供应链中存在的问题和解决方法的研究为基础，为本研究提供有力的理论支持和方法支持。

第3章 供应链运营中企业供应商选择策略博弈分析

在市场中，能够为其他企业提供原材料、设备、物流和服务等的企业都可以称为供应商，随着新事物的不断涌现，供应商所能供给的范围也越来越广。产品从原材料到成品，需要种类繁多的原料与零部件，以及面向市场的运输环节，这些都不是制造企业自身可以完成的。企业需要一批可以依赖的供应商，为其源源不断地提供其所需要的零部件或者服务。零部件供应商不仅要保证零部件的质量和数量，还要保证零部件的供应速度，具有及时响应的能力。在市场发展初期，供应商往往只能提供一种原料或者服务。第三方供应商没有最终的商品在消费市场流通，而仅仅生产和提供制造企业所需要的服务、原料、半成品等。随着人们的消费水平不断提高、市场的消费空间不断壮大、科技的广泛应用，部分供应商开始利用自身拥有原材料和零部件的优势，创新和研发属于自己的终端产品，在最终的消费市场上占有一席之地。这样的供应商不仅为其他企业提供零部件，还以终端产品和其他企业在市场上进行商品竞争。一些拥有终端商品的企业也通过收购和投资使自己可以生产和提供原料或者零部件。这些新情况的出现，都加大了供应商选择的复杂程度。历史总是在不断向前发展，人们无法阻止历史车轮的前进，勇敢和积极地面对和解决困难才是出路。供应商的选择问题在整条供应链体系中扮演着越来越重要的角色，有待于人们更好的研究和解决。

3.1 供应商与供应商选择

优秀的供应商不仅要提供高质量的零部件或者加工技术,还要有一定的生产创新能力,能够紧跟时代的步伐;同时还要保证零部件可以准时和准确地运送到企业手中。市场上往往存在着众多的供应商,企业如何从中选出适合自己的供应商是企业生存和成功关键的一步。

3.1.1 供应商类型分析

20 世纪后期,企业意识到在市场经营中应与供应商建立合作伙伴关系,努力从相互合作中得到益处。然而在企业的生产过程中,往往有许多不同种类的供应商,有负责原料的,有负责生产的,也有负责加工制造的。与不同的供应商建立不同程度的合作关系是指在一定的时期内,企业与供应商之间达成信息共享、风险共担、收益共享等协议,以更好地保障供需关系,使双方同时受益。在合作关系中,根据不同供应商扮演的角色不同,又可以分为重要供应商和次要供应商。重要供应商是指向企业提供重要的零部件或者服务的供应商,它们和企业之间有着密切的关系。重要供应商有着独一无二的原材料或者服务,一旦失去这个供应商企业就无法正常生产,且很难找到可以替代的供应商。重要供应商往往拥有稀缺的资源或者先进的技术水平,在产品的生产过程中占有重要地位。次要供应商可选性较多,企业可以通过考察与其建立供求关系,当发现其不足的时候,就可以更换供应商,和其他商家进行合作。因此供应链合作关系的变动,在对企业本身产生影响的同时,也会对重要供应商产生巨大的影响。将供应商按照合作关系的长短进行分类,又可以分为长期供应商和短期供应商。长期供应商往往是在企业一开始生产的时候就建立供需关系,经过长期的考察和合作相互之间关系密切。企业往往会和长期供应商达成一定程度上的合作联盟,在长期的合作中相互帮助、相互照应,从而实现双赢。短期供应商是企业在寻求新的商机或者是更换供应商时所产生的一种供需关系。并不是说短期供应商不重要,企业会在与短期供应商合作的过程中通过对其进行考察，选择优秀的对象，建立长期合作的关系。所有类型的供应商都在供应链中扮演着不可缺少的角色，企业对于任何一个供应商的选择都要谨慎，挑选出最适合自己的供应商，保证供应链的有序运行。

3.1.2 供应商与企业关系分析

供应商是供应链运行过程中不可缺少的成员。早期制造行业中，产品都是由一家企业独立完成的，从原材料到零部件生产到最后商品组装，都由企业自给自足。但是随着工业革命的到来，技术和经济快速发展，制造业规模越来越大，企业自身已无法满足原材料或者零部件的供应，原材料和零部件供应商便顺势而生。最初，企业和供应商之间只有单纯的供需关系，企业以自身所需的原材料或者零部件为基础，寻找可以为自己服务的供应商。这时的合作是短期的，且伴随着交易的完成而终止。随着经济全球化的发展，企业联盟越来越引起人们的重视，供应链合作伙伴间的联盟关系也被提上了日程。供应链合作伙伴关系意味着企业和供应商之间除了供需关系之外，还要共同开发新产品和新技术，建立数据和信息的共享平台，共同承担市场中的风险，共同分享机会收益，使得联盟中的各种资源顺利、连续流动，从而降低产品的成本，保证产品的质量，确保产品的按时生产，不断提高产品的性能与技术，使得联盟的利益不断增长。供应商与企业间的合作联盟是基于供应链管理的一种长期稳定的关系，需要供应商与企业共同去面对问题、解决问题、相互信任、相互合作。它不是一次性就结束的供需关系，而是通过契约合同等建立起来的长期合作关系。企业只有和供应商建立了良好的合作关系，才能保证产品的顺利生产，从而保证其在市场中的竞争力；供应商只有和企业建立了良好的合作关系，才能保证自己在原材料市场和零部件市场中有生存能力，不会被市场所淘汰。

企业与供应商的合作关系不是原生存在的，而是在具体的合作中慢慢形成的，需经过一个复杂的形成过程。具体包括以下几个步骤：梳理供应链中不同环节上企业与供应商之间的关系，在认清自己需求情况下，企业确定自己选择供应商的标准；通过评价体系来选择供应商，通过合作与交流选择自己的合作伙伴；正式建立合作伙伴关系，并在合作过程中加强与维护合作关系。

3.1.3 供应商选择的方法与指标

建立供应商合作体系的前提是正确选择供应商。国内外用来选择供应商的方法主要有定性分析法、定量分析法和组合分析法三种。其中定性分析法包括直观判断法、招标法、协商选择法等，在供应链的发展初期，人们因为缺乏数学理论知识和相关的方法论，主要是根据以往的经验对供应商的合作关系进行主观判断。这种方法的好处是从实际经验出发，以现实情况为基础，更加容易操作；缺点则是主观性太强，缺乏科学性的数据基础。随着理论学科的发展，方法论为供应商的选择提供了有力的理论基础，定量分析慢慢取代了定性分析。在供应商的选择问题中，最常用的定量分析法分别是层次分析法、多目标数学规划法、灰色分析法、人工神经网络算法等。这些方法论为供应商的选择问题提供了有力的数据支持，使得供应商的选择更加科学合理化；但数据的大量应用也增加了问题处理的复杂度，人们认为数据往往太过于理论化，不能与实际应用相结合，从而无法操作。综合定性分析和定量分析方法的优点与缺点后，学者们提出了更加适合操作且科学性强的方法——组合分析法。组合分析法是通过定性分析，了解各供应商的特点，并通过多种定量分析方法得到最后的评价结果。在现实中，无论采用哪种方法都必须以评价指标为基础，供应商的评价因素不是唯一的，而是涉及了供应商的各个方面。企业在选择供应商的时候，要坚持以经济效益为出发点，以成本和价格为立足点，合理地选择供应商；企业应该根据自身的需要进行评价和分析，选择适合企业实际情况的供应商，这样才能有助于企业的发展和壮大。虽然不同的选择体系有着不同的评价标准，但是其中有些重要的因素是不会改变的，包括：

第一，质量指标。供应商提供原料和零部件的质量是衡量供应商能力的一个基本的指标。企业首先要具有高质量的产品才能赢得消费者和占领市场，这就要求其原材料和零部件同样要具有较高的质量水平，在原料与零部件采购过程中，企业会向供应商提出自己的质量标准。随着国家对产品质量的要求逐渐严格，质量认证体系开始为人们所重视。通过统计发现，当今多数供应商都会通过取得国家质量认证体系认证来提高自己的生产能力评测结果，从而得到企业的认可。会在合同签订后的实际供应过程中，积极努力提供高质量的原料与零部件，努力与企业建立长期的供需关系，提高在原材料市场中的竞争力。

第二，供应指标。供应指标和质量指标不一样，它是一个复杂的概念，包括了很多在供应过程中产生的条件，例如供应商是否可以按时交货、交货周期的变化幅度、订单变化接受率等。供应商是否可以按时交货，在很大程度上影响了企业的发展。供应商准时可靠地完成供应任务，企业就可以在第一时间进入市场，并且占领市场，或者是及时补货，从而赢得更多的消费者。虽然供应商都希望可以准时交货，但是一些自然和社会因素是人们无法控制的。同时，交货周期的变化幅度也是影响供应商选择的因素。这时便要对供应商所处的社会和地理环境进行考察，考虑诸多因素后做出判断。需要注意的是，供应商能够接受的订单增加的接受率与订单减少的接受率往往不相同。其原因在于前者取决于供应商生产能力的弹性、生产计划安排与反应快慢、库存大小与状态（原材料、半成品或成品）等，而后者则主要取决于供应商的反应速度、库存（包括原材料与在制品）大小以及对订单减少可能带来的损失的承受力。

第三，经济指标。经济指标是供应商选择过程中仅次于质量指标的一个重要指标。价格和成本始终都是企业所要考虑的重点问题。与质量指标不同的是，质量指标考核是实时的，一般以每次供需交易为单位；而经济指标的考核则是一个长期的过程，一般是以一个季度为单位。且质量指标需定量的分析，它可以用一条明确的标准来衡量；而经济指标则需定性的分析，没有是非之分。首先是价格水平，其变化是一个相对的过程，受到社会和自然界各个方面的影响，不是固化的。当遇到通货膨胀或者自然灾害的时候，价格就会有一定的浮动。企业在确定自己的采购价格时，要和市场行情相结合，根据供应商的实际成本和利润进行评价。其次是成本水平，随着技术和信息的发展，供应商在不断更新技术的同时，也要降低自己的生产成本。企业在考察供应商的时候，要考虑到供应商是否愿意和自己分享成本信息和利润信息。供应商只有积极主动地降低成本，提高和改进技术，且积极与企业分享，才能在交易过程中和企业建立良好的合作关系。最后是信誉水平，它也影响着企业与供应商合作过程。供应商是否可以配合企业保证付款的顺利进行，在同行业中是否拥有良好的金融信用等，这些都是企业在进行供应商选择时要考虑的金融指标。

第四，售后和服务指标。供应链中最早的采购往往是一次便结束的供需过程，随着货物和货币交易的实现，企业和供应商之间的合作便结束。在这样的短期交易过程中，不断出现不正当行为获利的情况，供应商无法保证供应货物的质量，企业也无法做好商品的售后服务。首先，供应商需要及时响应企业的咨询和沟通，且在返货、退货等方面表现出良好的态度。面对企业提出的投诉或者意见，尽快给予答复和解决。其次，供应商要表现出积极的合作态度，积极帮助企业完成其在技术改进和产品研发方面所提出的要求。供应商在自我能力的基础上提出技术改进、生产线更新等意见，积极配合企业的产品更新换代；且在自己有能力的情况下，分担部分研发工作。最后，供应商是否在市场调查、顾客回访、投诉解决方面付出努力，也是衡量供应商是否具有良好的售后服务的指标。

上面只是提出了在供应商选择过程中经常考虑的供应商选择指标，但是在现实供应商选择过程中，仅仅依靠上面四个指标是不全面的，企业有自身的选择要求，供应商也有自身的特点，市场会出现不同的情况。因此，实际的供应商选择过程往往存在更多难题。因此，实践派开始向学术界学习，希望通过数据分析或者建模求解的方法，来解决现实中的供应商选择问题。

3.1.4 供应商选择与管理的重要性

企业在生产和销售过程中，总是不断地和供应商进行合作，因此供应商管理在供应链中的作用不可忽视。企业如果可以协调好与供应商之间的关系，使其良性发展，就可以保证产品的顺利生产。一旦生产或者销售环节中出现部分供应商无法满足企业需要情况，企业的利益就会受到损害。

1）供应商选择是建立企业与供应商之间关系联盟的第一步，其重要性有目共睹，但是选择工作结束后，企业和供应商如何去维持它们之间的关系，即供应商管理体系的维护也非常重要。供应商的选择与管理工作和交易过程中各个环节密不可分，是保证交易顺利进行的前提。企业要努力建立各个环节供应商之间的交流与合作机制，使其具有相互配合的意识，只有这样才能使供应链中的各个环节紧密相连，才能更加有效地缩短交货期、提高产品质量、降低产品成本，从而使企业可以在商场残酷的竞争中拥有较强的竞争力。且在供应商良好工作的基础上，促进供应商积极开发和应用新技术，使得企业的零部件可以不断地更新换代，产品可以占据更大的市场。企业本身也要积极主动建立科学合理的供应商选择与管理体系，建立企业和供应商之间的科学网络，保障各个环节之间的信息可以顺利交换，从而使得整条供应链中的供应商管理更加有效。

2）正确的供应商选择是建立供应商管理系统的基础。因为供应商在企业的生产和销售过程中发挥着重要的作用，企业纷纷通过不同的途径去寻找最适合自己的供应商。随着网络和科技的发展，信息共享为企业寻找合适的供应商提供了便利。企业在选择供应商的时候，需要从以下几个方面进行考虑：首先是零部件的质量，只有质量过硬的零部件才能生产出高质量的产品；其次是原材料的价格，价格是商品交易中重要的竞争要素；最后是交货能力、服务能力等。在市场竞争异常激烈的今天，企业要想在市场竞争中始终不败，建立自己在市场中的竞争优势，就要合理地选择供应商且有效的管理供应商，使其可以更加有效地配合自己的生产，从而保证产品的顺利生产。在供应商的积极配合下，企业可以生产出高质量和低成本的产品，可以更好地满足消费者的需要，获得更多利润。

3）企业和供应商之间可以建立更加合理的关系，从而实现双赢。只有当企业和供应商都获得更多的利益时，它们才会有建立合作联盟的动力。

但是早期的企业和供应商并不把建立长期的合作关系作为目标,因此在交易过程中只能加大某些环节的检测和监督,浪费了人力、物力和时间,无形中提高了产品的成本。在一些商业谈判中,企业和供应商只关注本次交易,缺乏建立长期良好合作关系的意识,于是它们往往更重视商品的价格,并在不断的比价和压价过程中,伤害了双方的合作关系甚至使关系断裂。随着市场的进一步扩大和全球经济的发展,企业和供应商意识到建立合作联盟的重要性,意识到双赢局面为彼此带来的好处。当企业和供应商建立长期关系时,企业会从长远利益角度,在批发价格议价过程中提出合理要求;希望供应商可以提供高质量的零部件,并且可以不断地创新,且建立良好的售后服务等机制;而供应商为了可以长期与企业合作,会更加重视自己的信誉,尽力按时且优质地完成任务,且不断地提高与完善自己的技术和服务。

企业和供应商之间通过建立共赢机制来获取更多的利益,需要从以下几个方面着手:

1)在信息化高速发展的市场中,合作联盟的建立要以信息共享为基础。供需双方要建立起良好的信息平台,就企业间的成本信息、质量信息,以及市场需求信息等进行交流和沟通,在相互交流和互补中,更好地掌握市场和消费者的动态。完善与共享双方所拥有的信息系统,不仅可以在质量上对供给品进行严格的控制,还可以在价格和数量上达到良好的统一。供需双方在相互交流信息的时候,可以更好地把握知识和技术的发展与更新,更好地掌握消费者对产品的喜爱与兴趣,更加及时有效地对设计、生产和销售进行改进与调整,更好地满足消费者的需要。在信息交流的过程中,供需双方也能更好地了解对方,相互理解,相互帮助,在供应链出现问题的时候,可以有效制定出解决问题的办法,从而保证供应链可以更好地运行,巩固供需双方的合作联盟。

2)在建立供需联盟的过程中,企业要发挥积极作用,建立良好的激励机制,有效地促使供应商完成任务。各个经济主体的利益是不同的,要稳固供应链中长期合作的共赢关系,就要建立一种有效的机制,如委托代理关系、监管机制等。这些激励机制要能够体现出公平、公正、积极、统一的特点，使得企业通过激励供应商得到更高质量的服务，而供应商获得激励后可以更加积极地为企业提供产品和服务。在企业和供应商的联盟中，主要的激励方式有如下几种：价格激励，企业通过给供应商合理的价格，使得供应商可以获得更多的利润，进而更加积极地进行生产和服务；数量激励，给予信誉与质量优良的供应商以更多的订单和更加长远的合伙承诺，使得供应商可以从长远的利益出发，努力工作；荣誉激励，对守信的供应商给予信誉和名誉上的激励，使其拥有荣誉感。除此之外还有其他的激励方式，例如收益共享激励、淘汰惩罚等，这些都可以在一定程度上促使供应商更好地为企业服务，使得供需联盟更加稳固。

3) 建立合理的供应商评价指标和系统。运用高科技建立供应商管理系统，在系统中存储供应商的详细信息，并将每次交易的信息记入其中，由专门人员管理和维护，通过对供应商更加完整、公正的认识，更好地管理供应商。

3.2 供应商选择委托代理机制

企业在交易过程中，通过正确的方法和合理的指标选择适合自己的供应商，并努力建立长期的合作关系，建立健全供应商管理体系，以更好地保证产品的顺利生产。供应商管理体系中，企业通过建立激励和惩罚机制，对供应商信息进行甄别，对其努力程度进行监督。当供应商积极努力地完成企业的订单和任务时，企业会给予供应商相应的奖励；当企业发现供应商在生产过程中自身能力不足或者表现不够努力的时候，就会通过惩罚机制对供应商进行适当的惩罚，或者是更换供应商。本节将研究企业在供应商信息不对称的情况下，如何正确选择供应商的问题。企业通过制定不同的合作合同和机制，让供应商根据自身的私有信息选择合适的合同，但是在选择过程中，有些供应商往往会隐瞒自己的身份，欺骗企业选择不符合其身份的合同。这时公司在签订合同的时候，将进行一定的事前审核，或者是通过多次签订短期合约的形式来甄别供应商的真实身份。

3.2.1 供应商选择问题描述

供应链管理是企业管理的重要内容，可以将供应商的选择和管理看作企业人事管理中的一部分。自 Roy(1993)、Reder(1955)提出工资定价可以促使劳动力更加努力工作以来，对于工资的制定和劳动力努力程度的研究层出不穷。可以将供应商选择和管理看作企业对劳动力资源管理的一种扩展。

Kenneth(2001)在工资合同可以自我选择和相互协商的前提下，在 Roy 原有工资计价模型的基础上研究了工资合同与工人的流动性和稳固性之间的关系。他认为，早期 Roy 的模型没有确切地解释工资和劳动力流动性的关系，在改进的模型中他加入了市场清算和排队理论等新的内容。研究表明：当企业对人事进行正确的选择和管理的时候，将会带来更加积极的效应。一个拥有较高素质人才的公司，它的劳动力选择过程是一个复杂的形成过程，而形成之后的人才关系维护也是问题重重。Roth & Xing(1994)、Avery et al.(2001)指出在早期的劳动力市场中，劳动合同的作用会更加的明显，特别是在高校教师、职业运动员和法庭书记员等领域。随着市场的成熟，企业发现仅仅单纯地依靠劳动合同，不能达到促使劳动力努力工作的效果，适当的激励和监督机制更加有利于劳动力能力的发挥。讨价还价不仅出现在商品市场的交易过程中，在劳动力市场中同样存在。John(2006)指出，劳动力市场中的讨价还价给企业对劳动力的选择与管理带来了新的问题和麻烦。他研究了当发现还存在其他企业与其竞争优秀的员工的情况下，企业是否会和员工进行讨价还价，并在其研究中应用了委托人和代理人的概念。分析表明，代理人的诸多特点将影响其和委托人之间的关系。升职是人力资源管理中一种常见的激励手段。Steffen & Armin(2012)比较了两阶段的竞赛激励模型和一阶段的竞赛激励模型对员工表现的作用大小，并运用纳什模型对其结论进行了分析。Hosios(1990)提出了标准的匹配与讨价还价模型，他认为匹配模型是解决代理人和委托人关系的有效方法并运用纳什模型对其求解。Montgomery(1991)、Burdett et al.

(1997)则分别研究了由雇佣者提出工资合同,而候选人在任何时候和环境下只能选择单一工作岗位的问题,并集中研究了动态的混合战略模型。Faglolo(2004)则应用委托代理模型研究了劳动力和产出的动态市场。

基于上述研究,本书将考虑在企业与供应商之间存在信息对称和信息不对称两种情况下,企业通过委托代理模型与审核机制,如何正确选择供应链联盟中的合作供应商,并针对掌握供应商信息发生在事前和事后时的情况进行分析。通过合理选择供应商,使供应商在供应链合适的位置上充分发挥工作积极性,做到人尽其才,并最终实现供应链资源的优化配置。供应商存在高效率和低效率之分,因此其生产高质量的零部件和低质量的零部件付出的努力也是不同的。只有选择正确的供应商,使其在供应链管理中处于合适的位置,才能使其工作效率最大化,从而创造出更多的剩余价值。研究发现,当供应商个人信息完全的时候,企业可以在合作中获得比不完全信息下更多的收益,因为此时企业不用额外付出信息租金。在供应商个人信息不完全的时候,企业可以通过多次博弈来发现供应商的真实信息,也可以通过设定事前审核机制,促使供应商反映自己的真实信息。下文将在引入审核机制的情况下,比较审核与不审核时,企业的收益大小。

3.2.2 供应商选择的机制设计

在供应链运营过程中,供应商选择问题是企业产品顺利生产的条件与基础。一个优秀的供应商可以为企业按时提供高质量的原材料与零部件,帮助企业改善产品的质量与效能,减少企业的产品库存与生产成本,增加企业市场竞争力。在现实供应商选择问题中,由于供应商拥有私有信息,企业决策是一个复杂的过程,假设企业 G(或者企业 S,由于竞争企业相互对应,下文将只考虑企业 G 为委托人的情况)为委托人,为了选择到优秀的供应商,生产出具有市场竞争力的产品,企业 G 积极采用供应商合同契约的方式来正确选择供应商。供应商的个人生产水平是私人信息,即供应商可能是高生产效率的供应商,也可能是低生产效率的供应商。企业 G 希望可以在供应链的众多供应商中选择到优秀的供应商,并建立起长期合作的关系。企业 G 通过给出不同的合同契约让供应商根据自己的情况自主选择，这便是激励理论中的逆向选择。在选择过程中有些供应商会为了获得更多的利益，而选择不符合自己能力水平的合同。假设供应商（可以是与其合作的竞争对手或者是第三方供应商）分为高效率供应商和低效率供应商，都能生产出高质量的零部件和低质量的零部件，但零部件的不同质量在零部件的供给交易过程中会被企业 G 观察到。对于零部件质量 q，有高质量 $\bar{q}$ 和低质量 $\underline{q}$ 之分。低效率的供应商付出成本 $c_1 q$ 来生产高质量的零部件，付出成本 $c_3 q$ 来生产低质量的零部件；高效率的供应商付出成本 $c_2 q$ 来生产高质量的零部件，付出成本 $c_4 q$ 来生产低质量的零部件。其中常数 $c_i (i \in (1, 2, 3, 4))$ 是零部件质量每提高一个单位时，供应商需要付出的成本增量，其满足关系 $c_1 > c_2 > c_3 > c_4$ 与 $c_1 + c_4 > c_2 + c_3$。

假设企业 G 是风险厌恶的，不同质量的零部件将会导致企业 G 的产品质量不同，从而给企业 G 带来不同效益。高质量的零部件与低质量的零部件对于企业 G 的效用分别为 $s_1(\cdot)$ 和 $s_2(\cdot)$，其中 $s_j(\cdot)$ 表示企业 G 的效用函数，$j \in (1, 2)$，它们满足关系：

$$s_1(0) = s_2(0) = 0, \forall q > 0, s'_1(q) > s'_2(q) > 0, s''_1(q) < 0, s''_2(q) < 0$$

其中，$s_1(0) = s_2(0) = 0$ 表示不管供应商提供的零部件质量如何，如果没有零部件生产和提供，意味着对企业 G 的效用为零。因此企业 G 会在一定的情况下生产不同质量的产品。$\forall q > 0$，$c_2 - c_4 < s'_1(q) - s'_2(q) < c_1 - c_3$，$s'_2(q) > 0$，这意味着 $s'_1(q) > s'_2(q) > 0$，说明生产水平越高，则效用越高，并且高质量的零部件随质量提高带来的效用增加速度大于低质量的零部件随质量提高带来的效用增加速度；$s''_j(q) < 0$，$j \in (1, 2)$ 说明随着零部件质量的不断提高，企业 G 效用增加的速度变缓。

在完全信息情况下，假设企业 G 知道供应商的真实类型，即低效率的供应商还是高效率的供应商，企业 G 只需要支付供应商相应的批发价格就可以实现零部件的交易，这里是指企业 G 只要支付供应商的生产成本就可以购买到零部件，占有市场中所有的剩余价值。由于 $[s'_1(q) - c_2] -$

$[s'_2(\bar{q})-c_4]>0$ 的成立,所以企业 G 会选择让高效率的供应商生产高质量的零部件。引入上标"*"来表示最优情况下的变量,则最优的产出水平 $\bar{q}^*$(高质量)满足:

$$s'_1(\bar{q}^*)=c_2 \tag{3.1}$$

由 $[s'_1(\bar{q})-c_1]-[s'_2(\bar{q})-c_3]>0$ 可知,企业 G 选择让低效率的供应商生产低质量的零部件,最优产出水平 $\underline{q}^*$(低质量)满足:

$$s'_2(\underline{q}^*)=c_3$$

引入新的参数 W 来表示企业 G 的收益,其中 $\underline{W}$ 表示企业 G 购买到低质量零部件且生产低质量产品时的收益, $\bar{W}$ 表示企业 G 相反情况的收益,并引入上标"*"表示最优收益。具体如下:假设企业 G 获得所有剩余,对应的最优收益分别为 $\bar{W}^*=s_1(\bar{q}^*)-\bar{q}^*c_2$, $\underline{W}^*=s_2(\underline{q}^*)-\underline{q}^*c_3$,其中, $\bar{W}^*$ 表示高质量的零部件由高效率的供应商生产时,企业 G 所获得的最优收益; $\underline{W}^*$ 表示低质量的零部件由低效率的供应商生产时,企业 G 所获得的最优收益。不失一般性,得到 $\bar{W}^*>\underline{W}^*$。

在不完全信息下,企业 G 为高效率类型与低效率类型供应商设计的契约是不相同的,希望可以通过契约来鉴别供应商的真实身份,但是现实中往往存在着供应商隐瞒自己身份的情况。在契约合同中,高质量生产水平与低质量生产水平的转移支付与产出水平分别为:$(\bar{t},\bar{q})$ 与 $(\underline{t},\underline{q})$,其中 $\bar{t}$ 和 $\underline{t}$ 表示企业 G 给供应商的合同契约中规定的转移支付,从而可以得到激励相容约束条件(IC)与个人理性约束条件(IR)分别为:

$$\text{IC}\begin{cases}\bar{t}-\bar{q}c_2\geq\underline{t}-\underline{q}c_4\\\underline{t}-\underline{q}c_3\geq\bar{t}-\bar{q}c_1\end{cases} \tag{3.2}$$

$$\text{IR}\begin{cases}\bar{t}-\bar{q}c_2\geq0\\\underline{t}-\underline{q}c_3\geq0\end{cases}$$

其中，IC 表明企业所涉及的契约使高效率的供应商更愿意去生产高质量的零部件而低效率的供应商更愿意去生产低质量的零部件，以实现区分供应商类型的目的。IR 表明无论高效率还是低效率的供应商都有签订契约的激励，都愿意和企业 G 合作。

企业 G（委托人）的目标函数可以表示为：

$$v[s_1(\bar{q}) - \bar{t}] + (1-v)[s_2(\underline{q}) - \underline{t}] \tag{3.3}$$

其中，v 表示是高效率的供应商的概率，$1-v$ 表示是低效率的供应商的概率。设 $\bar{U} = \bar{t} - \bar{q}c_2$，$\underline{U} = \underline{t} - \underline{q}c_3$，其中 $\bar{U}$ 表示高效率的供应商生产高质量的零部件获得的收益，$\underline{U}$ 表示低效率的供应商生产低质量的零部件获得的收益。企业 G 的目标函数变为：

$$v[s_1(\bar{q}) - \bar{q}c_2] + (1-v)[s_2(\underline{q}) - \underline{q}c_3] - [v\bar{U} + (1-v)\underline{U}] \tag{3.4}$$

IC 与 IR 分别变为：

$$\text{IC}\begin{cases} \bar{U} \geq \underline{U} + \underline{q}(c_3 - c_4) & (1) \\ \underline{U} \geq \bar{U} - \bar{q}(c_1 - c_2) & (2) \end{cases} \tag{3.5}$$

$$\text{IR}\begin{cases} \bar{U} \geq 0 & (3) \\ \underline{U} \geq 0 & (4) \end{cases}$$

公式(3.5)中，(1)与(4)为紧约束条件，(2)和(3)为非紧约束条件，将(1)与(4)代入企业目标函数得：

$$W(\bar{q}, \underline{q}) = v[s_1(\bar{q}) - \bar{q}c_2] + (1-v)[s_2(\underline{q}) - \underline{q}c_3] - v\underline{q}(c_3 - c_4) \tag{3.6}$$

分别关于 $\underline{q}$，$\bar{q}$ 求导得一阶条件：

$$s'_1(\bar{q}^{SB}) = c_2, \quad s'_2(\underline{q}^{SB}) = \frac{c_3 - vc_4}{1 - V} > c_3$$

由此可得：在不完全信息下，企业和供应商的单阶段委托代理问题中，次优契约具有如下特征：

1)对于高效率供应商,不存在产出水平的扭曲,即$\bar{q}^{SB}=\bar{q}^*$;对于低效率供应商,产出水平向下扭曲,即$\underline{q}^{SB}<\underline{q}^*$,且:

$$s'_2(\underline{q}^{SB})=\frac{c_3-vc_4}{1-v}>v_3$$

2)低效率供应商获得的信息租金为$\underline{U}^{SB}=0$,高效率供应商获得的信息租金为:

$$\bar{U}^{SB}=\underline{q}^{SB}(c_3-c_4) \tag{3.7}$$

根据条件$c_1>c_2>c_3>c_4>0$,上式为正,所以高效率的供应商将获得一定的信息租金。

3)若供应商为高效率类型,则企业G可得的收益为:

$$\bar{W}^{SB}=s_1(\bar{q}^{SB})-\bar{q}^{SB}c_2-\underline{q}^{SB}(c_3-c_4) \tag{3.8}$$

若供应商为低效率类型,则企业G可得的收益为:

$$\underline{W}^{SB}=s_2(\underline{q}^{SB})-\underline{q}^{SB}c_3 \tag{3.9}$$

和完全信息下企业G的最优收益相比容易发现,$\bar{W}^{SB}<\bar{W}^*$,$\underline{W}^{SB}<\underline{W}^*$,这表明完全信息下企业$G$的最优收益大于不完全信息下企业$G$的次优收益,这是由于企业$G$在设计契约时披露供应商的真实类型需要支付高效率供应商一部分信息租金。根据上面的结论可以设想,在实际交易中,如果企业和供应商建立了长期稳固的供应链合作机制,企业就可以拥有供应商的全部信息,从而明确地知道供应商的类型,在合作的过程中,企业就可以获得更多的收益,而不需要每次都为鉴别供应商的类型而付出人力和财力。

3.2.3 有审核功能的机制设计

当然,在供应链合作联盟没有形成或企业没有良好的供应商管理体系的时候,现实中供应商的信息多数情况下是独自私有的。企业不了解供应商的具体信息,因此不敢轻易地建立长期的合作关系。企业为获取市场中更多的利益,往往会缩短供需合同的期限,而采用多阶段的合同代理模式,例如让供应商仅仅生产一个项目的订单等,然后根据自己的收益情况和零部件的质量再考虑是否和供应商继续合作。下文将对上述情况进行总结和提炼,通过建立两阶段的委托代理模型,讨论是否引入事前审核机制,来解决现实交易过程中存在的现象和问题。

假设对于企业 G 而言,市场中存在着两个零部件供应商(竞争企业 S 和第三方供应商),它们的能力是相当的,即它们为高效率供应商与低效率供应商的概率都分别为 v 与 $1-v$。但这是供应商的私人信息,企业只是知道这个概率的存在。两个零部件供应商存在的假设与前文相同,并进一步假设生产高质量和低质量零部件的成本与单阶段委托代理模型中参数设定相同。假设企业 G 可以选择在生产前审核第一个供应商的类型,事前审核能够以一定的概率检查出供应商的类型,使得供应商私人信息在合同签订之前就为企业所掌握,迫使不同类型的供应商接受适合其类型的合同。且企业 G 只有一次审核机会,只能在第一阶段合同签订前审核。下面将从企业不进行事前审核和企业进行事前审核两个方面对供应商选择问题进行讨论,并假设审核结果的真实性以一定的概率出现,且两阶段不存在跨期利润的贴现(贴现因子为 1)。

(1) 当企业 G 不进行审核时

第一阶段供应商为高效率类型的概率为 v,企业 G 收益为 $\overline{W}^{SB}$;由 $\overline{W}^* > \underline{W}^*$,$\overline{W}^* > \overline{W}^{SB}$ 与 $\underline{W}^* > \underline{W}^{SB}$ 可知 $\overline{W}^{SB} > v\overline{W}^{SB} + (1-v)\underline{W}^{SB}$。第二阶段供应商仍与之合作,但可以抽取所有信息租金,企业 G 收益为 $\overline{W}^*$。

第一阶段供应商为低效率类型的概率为 $1-v$,企业 G 第二阶段与第一阶段供应商签订完全信息下的契约或者与另一供应商签订契约取决于 $\underline{W}^*$ 与 $v\overline{W}^{SB} + (1-v)\underline{W}^{SB}$ 的大小,企业 G 两阶段的收益分别为 $\underline{W}^{SB}$ 与 $\max\{\underline{W}^*, v\overline{W}^{SB} + (1-v)\underline{W}^{SB}\}$。综上可知,企业 G 在没有审核时的事前期望收益为:

$$v(\overline{W}^{SB} + \overline{W}^*) + (1-v)(\underline{W}^{SB} + \max\{\underline{W}^*, v\overline{W}^{SB} + (1-v)\underline{W}^{SB}\})$$

(2)当企业 G 进行审核时

假设企业 G 审核出第一个供应商真实类型的概率为 $p>0.5$(概率大于 0.5 才会使得企业相信自己的审核结果),审核成本为 c_p。

1)企业 G 审核结果真实的概率为 p

第一阶段供应商为高效率供应商的概率为 v,企业 G 提供契约 $(\overline{q}^*c_2, \overline{q}^*)$,企业 G 第二阶段仍与该供应商合作,两阶段的收益均为 $\overline{W}^*$,必然有 $\overline{W}^* > v\overline{W}^{SB} + (1-v)\underline{W}^{SB} + c_p$,否则企业 G 不会采取审核机制。

第一阶段供应商为低效率供应商的概率为 $1-v$。通过分析可知 $\overline{W}^* > \underline{W}^*$,得到 $\underline{W}^* + v\overline{W}^{SB} + (1-v)\underline{W}^{SB} < v\overline{W}^{SB} + (1-v)\underline{W}^{SB} + v\overline{W}^* + (1-v)\underline{W}^*$,企业 G 是否与该供应商签订合同取决于 $2\underline{W}^*$ 与 $v\overline{W}^{SB} + (1-v)\underline{W}^{SB} + v\overline{W}^* + (1-v)\underline{W}^*$ 的大小。

若 $2\underline{W}^* > v\overline{W}^{SB} + (1-v)\underline{W}^{SB} + v\overline{W}^* + (1-v)\underline{W}^*$,则企业 G 提供契约 $(\underline{q}^*c_3, \underline{q}^*)$,且两阶段均与该供应商合作,即使此时供应商为低效率供应商,企业 G 两阶段的收益均为 $\underline{W}^*$;若 $2\underline{W}^* < v\overline{W}^{SB} + (1-v)\underline{W}^{SB} + v\overline{W}^* + (1-v)\underline{W}^*$,则企业 G 第一阶段会与另一供应商签订契约,第二阶段仍选择与之合作以获取所有信息租金,企业 G 两阶段的期望收益分别为 $v\overline{W}^{SB} + (1-v)\underline{W}^{SB}$ 与 $v\overline{W}^* + (1-v)\underline{W}^*$。

2)企业 G 审核结果不真的概率为 $1-p$

当企业 G 审核结果不真的概率为 $1-p$ 时,第一阶段供应商为高效率供应商的概率为 v,若 $2\underline{W}^* > v\overline{W}^{SB} + (1-v)\underline{W}^{SB} + v\overline{W}^* + (1-v)\underline{W}^*$,则企业 G 提供契约 $(\underline{q}^*c_3, \underline{q}^*)$,供应商接受契约 $(\underline{q}^*c_3 - \underline{q}^*c_4 > 0)$,企业 G 两阶段均与该供应商签订契约,企业 G 两阶段的收益均为 $\underline{W}^*$;若 $2\underline{W}^* < v\overline{W}^{SB} + (1-v)\underline{W}^{SB} + v\overline{W}^* + (1-v)\underline{W}^*$,则企业 G 第一阶段与另一供应商

签订契约，第二阶段仍与之合作以获取所有信息租金，企业 G 两阶段的收益分别为 $v\bar{W}^{SB}+(1-v)\underline{W}^{SB}$ 与 $v\bar{W}^*+(1-v)\underline{W}^*$。高效率供应商在第一阶段过后并不向企业 G 表明自己的类型，因为供应商在执行了企业 G 第一阶段提供的唯一的契约之后表明身份，企业 G 未必相信该供应商的身份类型，特别是在供应商是竞争对手的时候，除非供应商在第一阶段之前即表明自己的真实身份，但是表明身份又会导致该供应商得不到任何租金。若第一阶段供应商为低效率供应商型的概率为 $1-v$，企业 G 提供契约 $(\bar{q}^*c_2,\bar{q}^*)$，供应商拒绝接受契约（$\bar{q}^*c_2-\bar{q}^*c_1<0$），若 $2\underline{W}^*>v\bar{W}^{SB}+(1-v)\underline{W}^{SB}+v\bar{W}^*+(1-v)\underline{W}^*$，企业 G 与该供应商签订契约以获取所有信息租金，企业 G 两阶段的期望收益均为 $\underline{W}^*$；若 $2\underline{W}^*<v\bar{W}^{SB}+(1-v)\underline{W}^{SB}+v\bar{W}^*+(1-v)\underline{W}^*$，企业 G 转而与另一供应商签订契约，企业 G 两阶段的期望收益分别为 $v\bar{W}^{SB}+(1-v)\underline{W}^{SB}$ 与 $v\bar{W}^*+(1-v)\underline{W}^*$。

记 $W^{SB}=v\bar{W}^{SB}+(1-v)\underline{W}^{SB}$，$W^*=v\bar{W}^*+(1-v)\underline{W}^*$，由于审核成本为 c_p，综上可知，企业 G 在进行审核时的事前期望收益为：

$$p(v\cdot 2\bar{W}^*+(1-v)\max\{2\underline{W}^*,W^{SB}+W^*\})+(1-p)\max\{2\underline{W}^*,W^{SB}+W^*\}-c_p=2pv\bar{W}^*+(1-pv)\max\{2\underline{W}^*,W^{SB}+W^*\}-c_p$$

假设企业 G 审核出第一个供应商真实类型的概率为 $p>0.5$，则企业 G 采取审核与否与事前期望收益的比较大小有关，若：

$$2pv\bar{W}^*+(1-pv)\max\{2\underline{W}^*,W^{SB}+W^*\}-c_p>v(\bar{W}^{SB}+\bar{W}^*)+(1-v)(\underline{W}^{SB}+\max\{\underline{W}^*,W^{SB}\}) \quad (3.10)$$

成立，则企业 G 采取事前审核策略，否则企业 G 不进行事前审核。其中，$W^{SB}=v\bar{W}^{SB}+(1-v)\underline{W}^{SB}$，$W^*=v\bar{W}^*+(1-v)\underline{W}^*$。

契约本身就具有鉴别代理人真实类型的作用，但是往往在事后才能显现。虽然应用两阶段契约的方法可以鉴别供应商的真实类型，但企业只能在第二阶段才真正清楚。因此，本书提出可以在第一阶段契约签订前加入事前审核机制，通过审核可以一定的概率知道供应商的真实信息。但审核是要付出代价的，是有成本消耗的，这时企业就需要权衡是否在合同签订之前加入审核机制。当存在企业决定审核且付出成本后，仍然获得比不审核要多的收益的可能时，企业会进行审核。

本节假设企业和供应商之间存在信息不对称的情况，从一阶段的委托代理模型入手，在完全信息和不完全信息研究的基础上，提出了两阶段的委托代理模型和加入审核机制的委托代理模型。企业可以通过两阶段合同契约去鉴别供应商的真实类型，但是会付出一定的信息租金。企业也可以采用事前审核机制，在合约签订之前就掌握供应商的真实信息，但是却要为事前审核付出成本。当然企业做出的选择都是在衡量其获得利益大小的基础上决策的。本节研究的问题是在供应商选择过程中真实存在的，添加信息的因素后，使问题更加真实。在实际市场运营过程中，企业和供应商之间的信息在合作之初必然是不对称的，这为企业选择正确的供应商带来了诸多的不便。

3.3 供应商监督模型构建

企业和供应商之间建立合作联盟关系是整条供应链稳定发展的基础，供应商选择是供应链合作联盟建立的关键。在全球化战略下，企业将面对更多的供应商选择，信息不对称等因素会引发供应商选择过程中风险。本节通过建立合理激励机制和博弈模型帮助制造企业规避供应商选择过程中的风险，帮助企业在信息不对称情况下，在复杂市场竞争中选择最优的供应商。

3.3.1 企业与供应商合作与监督模型构建

通过对企业与零部件供应商之间合作关系的研究，建立企业与供应商之间的委托代理模型。

首先，对研究企业和供应商之间的委托代理关系进行如下假设：

1）企业 G 和供应商这两个利益主体有着与一般经济利益主体不一样的特点，它们要在控制成本的前提下最大化自己的利益，同时实现整体最优。

2）供应商带来的有益产出为 Q，Q 正比于供应商自身能力与努力程度。假设 $Q = ke$，其中 $k > 0$ 为供应商的供给能力，即零部件生产的规模、零部件质量等综合评价系数，e 为供应商在生产过程中的努力程度。

3）当企业 G 和零部件供应商签订合同之后，零部件供应商在生产过程中的努力和偷懒的程度是在[0,1]区间内的随机分布，努力程度和偷懒程度相加为单位1，因此偷懒程度可以用 $1-e$ 表示。零部件供应商从偷懒行为中获得的收益为 $M(1-e)$，即偷懒收益正比于其偷懒程度，其中 $M < k$。这里所谓的偷懒行为是指零部件供应商在生产过程中没有严格按照合同中的规定进行生产。

4）多数研究企业与零部件供应商的委托代理传统模型只是基于单一的奖励激励模式来鼓励供应商努力工作。本研究假设企业在对供应商进行奖励激励的同时也对供应商生产过程进行监督，企业通过对供应商监督和对生产过程随机抽查的方式，以一定的概论发现供应商在工作中的偷懒行为并对偷懒行为进行惩罚，甚至解除供应合作关系。

假设企业 G 对供应商进行审查监督并以概率 f 发现供应商的偷懒程度，但是需要付出监督成本 $C_h(f) = \frac{b}{2}f^2$，其中 $b > 0$ 为监督成本系数。

当企业 G 发现供应商偷懒时将对其进行一定的惩罚 $N(1-e)$，即惩罚力度与供应商偷懒程度成正比。

5）供应商为努力工作付出成本 $C_d(e) = \frac{a}{2}e^2$，其中 $a > 0$ 为努力成本系数。

6）企业 G 向供应商提供合同 $S(Q) = A + BQ$，其中 $S(Q)$ 表示供应商的最终收益，A 表示企业 G 给供应商的固定合同收益，B 表示企业 G 给供应商的激励强度，BQ 表示供应商的激励收益，其中 $B \in [0,1]$。

假设企业 G 对供应商同时进行奖励与监督，供应商的努力水平为 e，

企业 G 的激励强度为 B，则企业 G 的效用为：

$$E_u = Q - S(Q) - C_h(f) + N(1-e)f$$
$$= -A + (1-B)ke - \frac{b}{2}f^2 + N(1-e)f \quad (3.11)$$

供应商的效用为：

$$E_v = S(Q) + M(1-e) - C_d - N(1-e)f$$
$$= A + Bke + M(1-e) - \frac{a}{2}e^2 - N(1-e)f \quad (3.12)$$

企业 G 和供应商的委托代理激励监督模型为：

$$(P) \quad \max_{B,f}\left(-A + (1-B)ke - \frac{b}{2}f^2 + N(1-e)f\right) \quad (3.13)$$

s.t. IC: $e \in \arg\max\left(A + Bke + M(1-e) - \frac{a}{2}e^2 - N(1-e)f\right)$

IR: $\left(A + Bke + M(1-e) - \frac{a}{2}e^2 - N(1-e)f\right) \geq v_0$

其中，IC 与 IR 分别为激励相容约束条件与个人理性约束条件，供应商的保留效用为 $v_0 = A + M - \frac{N^2}{b} \geq 0$。

由于企业 G 不能每时每刻都去监督供应商的工作，因此不能观测到供应商真实的努力水平，企业 G 与供应商之间存在着信息不对称，激励相容约束条件是有效的。利用 IC 的一阶条件来代替其本身，可以得到等价的规划问题：

$$(P') \quad \max_{\{B,f\}}\left(-A + (1-B)ke - \frac{b}{2}f^2 + N(1-e)f\right) \quad (3.14)$$

s.t. $\left(A + Bke + M(1-e) - \frac{a}{2}e^2 - N(1-e)f\right) \geq v_0$

$$e = \frac{Bk - M + Nf}{a}$$

最优情况下，个人理性约束条件的等号成立，将个人理性约束条件和激励相容约束条件代入目标函数并求解最优化问题。

在引入监督机制的企业 G 与供应商的激励模型中，当达到最优情况时，企业 G 对供应商的最优激励水平 $B^* = \dfrac{(k+M)b - 2N^2}{2kb}$，最优审核概率 $f^* = \dfrac{N}{b}$，而供应商最优努力水平 $e^* = \dfrac{k-M}{2a}$。

3.3.2 企业与供应商合作与监督模型分析

由于模型中引入了监督机制，激励模型的激励相容约束条件可写为 $e \in \arg\max\left(A + Bke + M(1-e) - \dfrac{a}{2}e^2 - N(1-e)f\right)$，通过令激励相容约束条件的一阶导数为零，得到供应商的努力水平 $e = \dfrac{Bk - M + Nf}{a}$。

当 $M - Bk < Nf < a + M - Bk$ 时，可以得出 $0 < e < 1$，此时认为供应商付出了努力，但在一定程度上存在着偷懒行为。对于企业 G 来讲，对供应商实施一定的激励政策是必不可少的，同时采取一定的监督手段也是有必要的。

而当 $e = 0$ 或 $e = 1$ 时，说明供应商总是偷懒或总是努力工作。

对于单纯激励模型，通过上面的公式可以得到纯激励时的激励相容约束条件 $\hat{e}^* \in \arg\max\left(A + Bke + M(1-e) - \dfrac{a}{2}e^2\right)$，令其一阶导数等于零可以得到供应商的努力水平 $\hat{e}^* = \dfrac{\hat{B}^* k - M}{a}$，注意此时 $\hat{B}^* = \dfrac{k+M}{2k} > B^*$，于是，$\hat{e}^* = \dfrac{k-M}{2a} = e^*$。即单纯激励时，为了促使供应商在工作过程中达到一定的努力水平，供应商所付出的激励水平大于奖励与监督并存的激励模型中企业 G 所付出奖励激励水平，即在奖励与惩罚并存的模型中，企业 G 可以付出较小的奖励激励代价，让供应商付出企业想要的努力水平。

企业 G 的收益满足：

$$-A + (1-\hat{B}^*)k\hat{e}^* - \dfrac{b}{2}\hat{f}^{*2} = -A + \dfrac{(k-M)^2}{4a} < -A + (1-B^*)ke^* - \dfrac{b}{2}f^{*2} + N(1-e^*)f^* = -A + \dfrac{(k-M)^2}{4a} + \dfrac{N^2}{2b}$$

可以看出，此时企业 G 还获得了较大的收益，说明奖励与监督并存的激励模型更具优越性。

最优监督审核概率 $f^* = \dfrac{N}{b}$，表明企业 G 的最优监督强度与监督成本系数呈反向变化关系，即企业 G 的监督成本系数越大，相应的监督成本就越高，监督的意向就越弱，最优监督强度就越低。

由 $B^* = \dfrac{(k+M)b - 2N^2}{2kb}$，$f^* = \dfrac{N}{b}$ 可知，$\dfrac{dB^*}{db} > 0$，$\dfrac{df^*}{db} < 0$，表明企业 G 的最优监督强度与最优激励强度呈反向变化关系，即企业 G 增强对供应商的激励强度时，就可以降低对其监督的程度；若企业 G 加大对供应商的监督强度，就可以降低对其激励的强度。企业 G 可以根据外界环境的不确定性和供应商的素质来具体安排最优监督强度和最优激励强度，从而达到最优的效果。

3.4 本章小结

本章介绍了全球化战略下我国企业在面对供应商选择时，国际供应商复杂性带来的供应链风险问题。经济全球化使得我国企业面对更多供应商选择，同时供应商复杂性也使供应商选择问题更加困难。特别是我国有众多的制造企业，对零部件需求数量大且对质量要求较高，供应商的优劣性大大影响了我国企业的生产与发展。本章针对供应商选择问题和供应商监督问题，建立了合理的数理模型，使得企业能够根据模型准确选择供应商，且与优秀供应商建立起长期稳固的合作关系。本章进一步讨论了当企业与供应商信息不对称的时候，企业如何通过建立有效的合同机制，甄别和选择合适的供应商，以及讨论了合同机制效果的优劣性。

第4章　供应链运营中企业零部件外包策略博弈分析

本章主要研究供应链运营中，企业零部件外包的供应商选择策略。企业选择零部件供应商不仅考虑供应商提供零部件的质量和价格因素，还会考虑供应商是否能够按时交货、是否不断进行技术更新、是否拥有信誉保障等因素。因此供应链运营过程中涉及零部件外包的供应商选择问题较为复杂。同时，随着全球化经济发展，供应商在市场中的角色类型也在不断变化。一些供应商由于技术升级和生产线延伸逐步转变为了下游企业的竞争对手，一些企业竞争对手由于生产能力扩大和收购业务扩展，逐渐拥有了企业所需零部件生产和供应的能力。在当今复杂的供应商关系网络中，企业对零部件供应商的选择面对着更多的困难和不确定性。特别是当企业选择自己的竞争对手作为零部件供应商的时候，需要权衡竞争和合作的利弊关系，以及考虑如何平衡自身与竞争对手的发展。下面将以现实中的企业案例为切入点，通过建模求解，讨论当供应商类型不同时，企业应如何选择供应商来提高自己的市场竞争力并最大化自己的利益。

4.1　存在产品竞争关系的企业关于零部件供应商选择策略

4.1.1　零部件无差异的问题描述

前面章节中介绍了供应商选择的重要性和实际操作中遇到的问题。下面将从市场中的现实案例入手，对现象进行总结和升华，得到具体问题，根据问题进行建模和解答。在手机市场上，谷歌公司和三星公司既是手机生产制造商,又是手机重要零部件的供应商。谷歌公司为三星公司提供安卓手机操作系统,三星公司则为谷歌公司提供手机电子零部件。谷歌公司和三星公司在手机市场上相互竞争。随着技术的发展,从自己的竞争公司中采购零部件的现象越来越普遍。在以前的研究中,学者 Venkatesh et al. (2006)、Xu et al. (2010)、Wang et al. (2013)普遍认为将零部件生产业务外包给竞争对手的重要优势是:竞争对手可以从相互竞争的产品中取得更多的收益,一部分收益来自最终产品的销售,另一部分收益来自零部件的批发市场。在这种情况下,竞争对手不会疯狂地压低价格,从而减缓了市场上的竞争,使企业都能获得更大收益。成本差异是公司决定零部件外包的一个重要因素。因为生产成本的缘故,产品生产公司往往不在本国生产零部件,而从第三方供应商那里采购零部件,因为第三方供应商所在的国家生产成本相对低廉,如中国、印度尼西亚等。另外,从竞争企业那里采购零部件同样可以获得成本上的优势,这是因为竞争对手往往有零部件制造规模上的优势,高效率的生产力可以降低零部件的生产成本。那么,谷歌与三星的相互合作是否缓和了它们在手机和平板电脑市场上的竞争?这种合作关系的建立是否需要条件?这些问题将在下文中得到解答。

假设两个企业的产品由两个重要的零部件组成,其中每个企业只能独自生产一个零部件。两个相互竞争的企业生产的零部件是不相同的,如谷歌生产软件、三星生产硬件。企业将从供应商那里采购自己不能生产的零部件,其面对两个供应商:一个是零部件第三方供应商,另一个是自己的竞争对手。企业需要决定从哪个供应商处采购自己所需的零部件,并且决定最终产品的销售价格。企业收益在不同的策略组合中会如何变化?竞争企业间的合作是否可以实现双赢?下面将对这些问题做详细的讨论。

4.1.2 零部件无差异时供应商选择模型的建立

假设市场上存在两家产品制造企业(企业 G 和企业 S),它们有唯一的商品在市场上竞争。每一个商品由两个主要的零部件组成,零部件 A 和零部件 B。企业 G(企业 S)可以自己生产零部件 A(零部件 B),同时又从其他企业那里购买自己所需要的其他零部件,而自己不能生产的零部件B(零部件A)。假设市场上还存在着两个纯粹的第三方零部件制造商(企业A和企业B),它们不直接销售产品给终端消费者。例如,中国台湾富士康公司为苹果代工,但是却没有自己品牌的产品直接面向顾客。两个第三方零部件制造商可以生产一种产品零部件(企业A生产零部件A,企业B生产零部件B),且零部件由产品制造企业生产或者由第三方零部件供应商生产时,零部件的质量等产品参数是相同的,具体关系如图4.1所示。

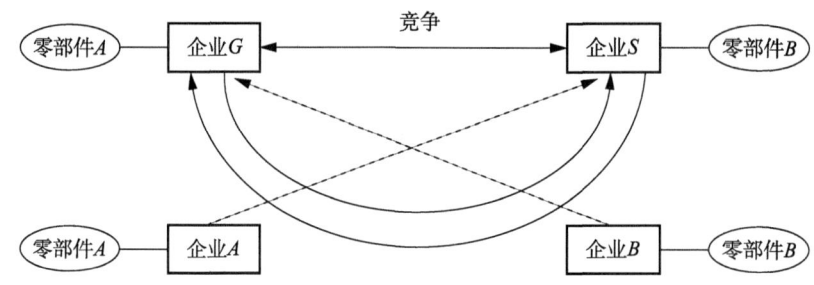

图4.1 企业供给关系

根据图4.1和生产能力介绍可以得到企业的生产能力情况,如表4.1所示。

表4.1 企业的生产能力

	生产零部件		生产最终产品
	A	B	
企业G	是	否	可以
企业S	否	是	可以
企业A	是	否	不可以
企业B	否	是	不可以

产品制造企业和第三方供应商生产零部件虽然性质相同,但是却有着不同的生产成本。为了使计算简单,考虑一种对称的情况,即两个产品制造企业(企业G和企业S)生产零部件的生产成本相同,两个第三方供应商(企业A和企业B)生产零部件的生产成本相同。假设产品制造公司生产零

部件的成本为零，第三方供应商生产零部件的成本为 Δc。当第三方供应商的生产成本高的时候，则 $\Delta c > 0$；当第三方供应商的生产成本低的时候，则 $\Delta c < 0$。

为了比较企业 G 和企业 S 的竞争程度，文中引用了 McGuire 和 Staelin 的市场需求模型。其中，假设产品制造企业为企业 i，$i \in (G, S)$ 的需求模型为：

$$q_i(\theta) = 1 - \frac{1}{1-\theta} p_i + \frac{\theta}{1-\theta} p_{\bar{i}} \tag{4.1}$$

其中，p_i 是商品的价格，$0 \leqslant p_i \leqslant 1$，$i \in (G, S)$；$q_i$ 是商品的市场需求量；θ 是两种商品的可替代程度，即两种商品相互竞争的参数，$0 \leqslant \theta < 1$，当 $\theta = 0$ 的时候，两种商品的需求量相互独立，它们在各自的垄断市场上，没有相互竞争，随着 θ 的增加，两种商品的可替代性越来越强，且相互竞争越来越激烈。可以得知，$\frac{1}{1-\theta} > \frac{\theta}{1-\theta}$，商品的市场需求量 q_i 更加依赖于商品自身的价格，而对于竞争商品价格的依赖程度相对弱一些。

在相互竞争和零部件采购过程中，两个有竞争关系的产品制造企业的博弈顺序如下：

1）两个产品制造企业的零部件供应商选择策略包括从第三方供应商那里采购或者是从自己的竞争对手那里采购。

2）被选中供应零部件的企业制定批发价 w_k，其中 $k \in (G, S, A, B)$，但是每次每种零部件只能由一个公司供给。

3）两个竞争的产品制造企业制定市场上商品的销售价格 p_i，$i \in (G, S)$。两个产品制造企业可以从第三方供应商那里采购零部件，也可以从自己的竞争对手处采购零部件。当两个相互竞争的企业同时选择零部件供应商的时候，可以产生四种策略组合。假设 T 表示选择第三方供应商提供零部件的策略，C 表示选择竞争对手企业提供零部件的策略，则四种策略组合集为 $\{TT, TC, CT, CC\}$，其中 TT 表示企业 G 和企业 S 同时选择第三方供应商来提供零部件生产，其他依次类推。

假设 π_i 代表企业的收益；D_i 代表企业商品的实际销售量，$i \in (G,$

S);Π_j 代表第三方供应商的收益,$j \in (A, B)$。下面分别讨论每种策略组合的收益表达式。

1)策略 TT,当企业 G 和企业 S 都将从第三方供应商处采购零部件时,企业和第三方供应商的收益函数为:

$$\pi_G = (P_G - w_B)D_G \tag{4.2a}$$

$$\pi_S = (P_S - w_A)D_S \tag{4.2b}$$

$$\Pi_A = (w_A - \Delta_c)D_S \tag{4.2c}$$

$$\Pi_B = (w_B - \Delta_c)D_G \tag{4.2d}$$

2)策略 TC,当企业 G 从第三方供应商 B 采购零部件,企业 S 从竞争对手企业 G 处采购零部件时,收益函数为:

$$\pi_G = (p_G - w_B)D_G + w_G D_S \tag{4.3a}$$

$$\pi_S = (p_S - w_G)D_S \tag{4.3b}$$

$$\Pi_B = (w_B - \Delta_c)D_G \tag{4.3c}$$

3)策略 CT,当企业 G 从竞争对手企业 S 处采购零部件,企业 S 从第三方供应商 A 处采购零部件时,收益函数为:

$$\pi_G = (p_G - w_S)D_G \tag{4.4a}$$

$$\pi_S = (p_S - w_A)D_S + w_S D_G \tag{4.4b}$$

$$\Pi_A = (w_A - \Delta_c)D_S \tag{4.4c}$$

因为策略 CT 和策略 TC 正好相互对应,为了简化计算,在下面的分析中将只分析策略 TC。

4)策略 CC,当企业 G 和企业 S 相互供应对方所需的零部件时,收益函数为:

$$\pi_G = (p_G - w_S)D_G + w_G D_S \tag{4.5a}$$

$$\pi_S = (p_S - w_G)D_S + w_S D_G \tag{4.5b}$$

为了使模型变量含义更加明确,以 π_S^{TC} 表示企业 S 在策略 TC 中的收益,其他依次类推。在三种策略中,企业 G 和企业 S 在策略 TC 和策略 CC 中都发生了合作的关系,这便是当今市场中企业间最常见的关系——竞争与合作关系。

通过对上面的策略进行求解可以得到企业 G 和企业 S 在不同策略中的收益和价格。在下面的分析中，p_i^{TT} 表示在策略 TT 下的企业 i 的商品价格，$i \in (G, S)$，其他依次类推。

1) 在策略 TT 中，企业 G 和企业 S 都从第三方供应商处采购零部件，通过计算可以得到：

$$p_G^{TT} = \frac{6 + 2\Delta c - 6\theta - 2\theta^2 - \Delta c\theta^2 + 2\theta^3}{-4 + \theta + 2\theta^2}$$

$$p_S^{TT} = \frac{6 + 2\Delta c - 6\theta - 2\theta^2 - \Delta c\theta^2 + 2\theta^3}{-4 + \theta + 2\theta^2}$$

$$\pi_G^{TT} = -\frac{(-1 + \Delta c)^2(-1 + \theta)(-2 + \theta^2)^2}{(-2 + \theta)^2(-4 + \theta + 2\theta^2)^2}$$

$$\pi_S^{TT} = -\frac{(-1 + \Delta c)^2(-1 + \theta)(-2 + \theta^2)^2}{(-2 + \theta)^2(-4 + \theta + 2\theta^2)^2}$$

从结果中可以看出，因为企业 G 和企业 S 都从第三方制造商处采购零部件，因此它们之间只有单纯的竞争关系，采购零部件的行为不会影响到它们在市场中的商品价格竞争。在商品的销售市场上，定价经过企业间相互博弈后最终会相同，使两企业拥有相同的销售量和相同的收益。

2) 在策略 TC 中，企业 G 和企业 S 从不同类型的供应商处采购零部件，通过计算可以得到：

$$p_G^{TC} = \frac{48 + 16\Delta c - 4\theta - 22\theta^2 - 2\Delta c\theta^2 - 4\theta^3 - 2\theta^4 - 3\Delta c\theta^4 + \theta^5 + \theta^6}{64 - 24\theta^2 - 5\theta^4 + \theta^6}$$

$$p_S^{TC} = \frac{48 - 8\theta + 8\Delta c\theta - 22\theta^2 + 2\theta^3 - 2\Delta c\theta^3 - 4\theta^4 + \theta^5 - \Delta c\theta^5 + \theta^6}{64 - 24\theta^2 - 5\theta^4 + \theta^6}$$

$$\pi_G^{TC} = \frac{\begin{array}{c}(-768 + 512\Delta c - 256\Delta c^2 + 128\theta - 128c\theta + 1008\theta^2 - 640c\theta^2 + 320\Delta c^2\theta^2 \\ -16\theta^3 + 16\Delta c\theta^3 - 276\theta^4 + 168c\theta^4 - 84c^2\theta^4 - 52\theta^5 + 52\Delta c\theta^5 - 58\theta^6 + \\ 48\Delta c\theta^6 - 24\theta c^2\theta^6 + 10\theta^7 - 10\Delta c\theta^7 + 22\theta^8 - 14\Delta c\theta^8 + 7\Delta c^2\theta^8 + 2\theta^9 \\ -2\Delta c\theta^9 - 2\Delta c\theta^{10} + \Delta c^2\theta 10)\end{array}}{(-1 + \theta)(64 - 24\theta^2 - 5\theta^4 + \theta^6)^2}$$

$$\pi_S^{TC} = -\frac{(2 + \theta^2)^2(8 - 4\theta + 4\Delta c\theta - 7\theta^2 + 2\theta^3 - 2c\theta^3 + \theta^4)^2}{(-1 + \theta)(64 - 24\theta^2 - 5\theta^4 + \theta^6)^2}$$

从上面的结果可以看出,当企业 G 从第三方供应商处采购零部件,而企业 S 从竞争对手处采购零部件的时候,和人们所想象的结果一样,企业 G 和企业 S 在市场中竞争商品的价格不一样,且收益也不相同。从上面的公式可以看出,竞争商品价格与商品可替代率 θ 和第三方供应商的成本 Δc 有关,假设商品可替代率 θ 的取值范围是 $\theta \in [0,1)$,第三方供应商的成本 Δc 的取值范围是 $\Delta c \in (-1,1)$,则商品价格变化趋势如图 4.2 所示。

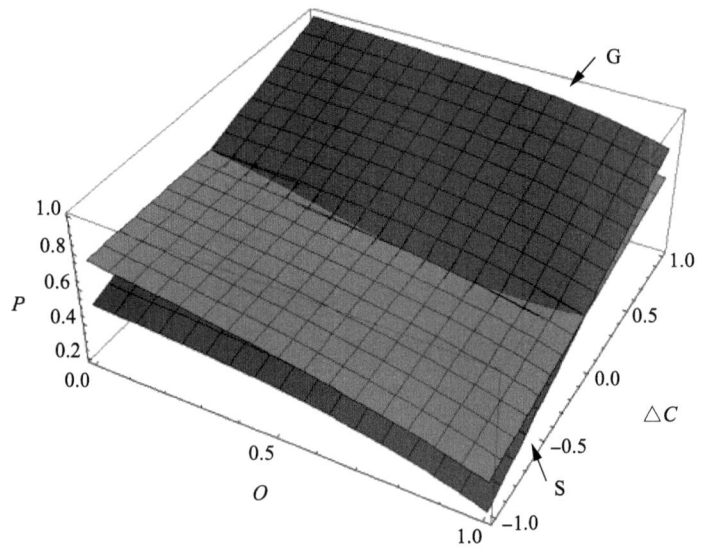

图 4.2　在策略 TC 中竞争企业的价格比较

在图 4.2 中深色平面表示企业 G 的商品价格的变化趋势,浅色的平面表示企业 S 的商品价格的变化趋势。从图中可以看出,当第三方供应商零部件生产成本较高时($\Delta c \to 1$),企业 G 的商品价格总是大于企业 S 的商品价格;相反($\Delta c \to -1$),企业 G 的商品价格总是小于企业 S 的商品价格。在市场中企业 G 商品价格的变化幅度较大。由此可知,即使企业 G 和企业 S 与不同类型的零部件供应商合作,商品在市场中进行价格竞争时,价格也有相等的时候。令 $p_G^{TC} = p_S^{TC}$,可以得到图 4.3。

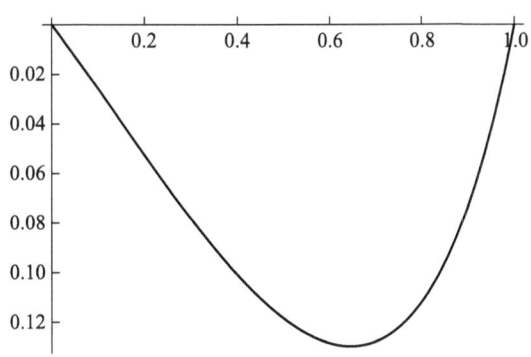

图4.3 商品等价格曲线

其中,横坐标是 θ 的取值,纵坐标是 Δc 的取值。曲线上任意一点的取值可以使在策略 TC 中, $p_G^{TC} = p_S^{TC}$。由此可知,即使从不同类型的供应商处采购零部件,企业 G 和企业 S 也会在一定情况下对商品采取相同的定价,且发生在第三方供应商 B 的零部件生产成本比企业 G 低的时候($-0.15 < \Delta c \leq 0$)。

下面考虑在策略 TC 中,企业 G 和企业 S 收益的大小情况。假设商品可替代率 θ 的取值范围是 $\theta \in [0, 1)$,第三方供应商的成本 Δc 的取值范围是 $\Delta c \in (-1, 1)$,可得图4.4。

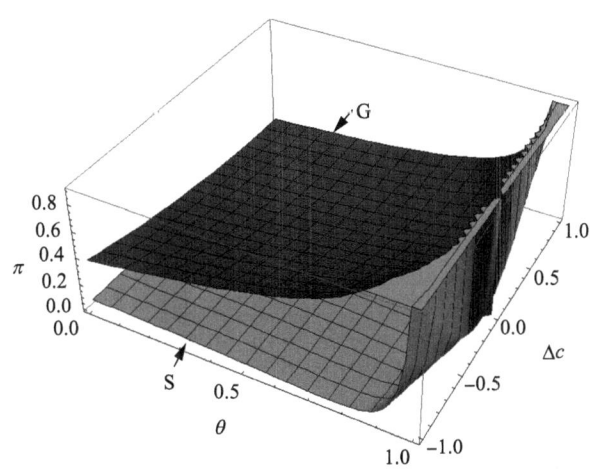

图4.4 在策略 TC 中竞争企业的收益比较

在图4.4中深色平面表示企业 G 的收益，浅色平面表示企业 S 的收益。从图中可以看出，在策略 TC 中，企业 G 的收益总是大于企业 S 的收益，因为企业 G 的收益由两部分组成，一部分来自自己商品的销售市场，另一部分来自自己生产的零部件的批发市场。前面提到过策略 TC 和策略 CT 是完全对应的，通过图4.4也可以知道，企业 G 在策略 TC 中的收益大于企业 G 在策略 CT 中的收益，因为在策略 CT 中，企业 G 的收益仅仅来自产品的销售市场。

3）在策略 CC 中，企业 G 和企业 S 都从自己的竞争对手那里购买零部件，通过计算可以得到：

$$p_G^{CC} = \frac{6}{8+\theta^2}$$

$$p_S^{CC} = \frac{6}{8+\theta^2}$$

$$\pi_G^{CC} = \frac{6(2+\theta^2)}{(8+\theta^2)^2}$$

$$\pi_S^{CC} = \frac{6(2+\theta^2)}{(8+\theta^2)^2}$$

从结果中可以看出，因为企业 G 和企业 S 都从竞争对手那里购买零部件，它们的价格和收益都和第三方供应商的成本 Δc 无关。竞争企业之间合作关系更加的密切，相互采购竞争对手生产的零部件的举措影响到它们在市场中的商品价格竞争，使它们不能随意定价。在商品的销售市场上，它们会对商品进行相同的定价，因而拥有相同的销售量和相同的收益。

4.1.3 零部件无差异时供应商选择的最优策略分析

本节首先对企业在各个策略下最优价格和最优销售量进行灵敏度分析；然后比较各个策略下企业收益的大小；最后在特例中分析竞争企业的总收益变化。p_i^{TT} 表示在策略 TT 下的企业 i 的商品价格，$i \in (G, S)$；D_i^{TT} 表示在策略 TT 下的企业 i 的销售量，$i \in (G, S)$；其他依次类推。

(1) 各个策略下的最优价格和最优销售量关于 Δc 的灵敏度分析

$$\frac{\partial p_i^{TT}}{\partial \Delta c} > 0, \quad \frac{\partial p_i^{CC}}{\partial \Delta c} = 0, \quad \frac{\partial p_G^{TC}}{\partial \Delta c} > 0, \quad \frac{\partial p_S^{TC}}{\partial \Delta c} > 0$$

$$\frac{\partial D_i^{TT}}{\partial \Delta c} < 0, \quad \frac{\partial D_i^{CC}}{\partial \Delta c} = 0, \quad \frac{\partial D_G^{TC}}{\partial \Delta c} < 0, \quad \frac{\partial D_S^{TC}}{\partial \Delta c} > 0$$

在策略 TT 中，企业 G 和企业 S 都从第三方供应商处采购零部件，当 Δc 变大的时候，批发价格和销售价格将增加，从而使商品的销售量减少。而当企业 G 和企业 S 相互供应零部件时，它们产品销售价格和销售量的变化与 Δc 无关。

在策略 TC 中，企业 G 从第三方供应商 B 处购买零部件，零部件的生产成本增加了 Δc，因此销售价格 p_G^{TC} 也会增加，产品销售量 D_G^{TC} 则因为价格的增加而减少。另外，企业 S 从竞争企业 G 处购买零部件，其产品的价格 p_S^{TC} 不会因为 Δc 而改变。由于市场上企业 G 的销售价格 p_G^{TC} 增加，企业 S 也将相应提高自己商品的销售价格 p_S^{TC}，而且不会以牺牲产品销售量为代价。

为了进一步衡量减缓竞争和成本变化对利润的影响，引入策略 Ⅱ。在策略 Ⅱ 中，假设企业 G 和企业 S 都能够自己生产产品所需的两个重要的零部件（A 和 B），用 $\pi_G^{Ⅱ}$ 来表示在策略 Ⅱ 中企业 G 的总利润，其他依次类推，则通过计算得到：

$$p_G^{Ⅱ} = \frac{-1+\theta}{-2+\theta}$$

$$p_S^{Ⅱ} = \frac{-1+\theta}{-2+\theta}$$

$$\pi_G^{Ⅱ} = -\frac{-1+\theta}{(-2+\theta)^2}$$

$$\pi_S^{Ⅱ} = -\frac{-1+\theta}{(-2+\theta)^2}$$

(2) 比较企业 G 的收益在各个策略中的大小（其中阈值的计算将在附录 1 中给出）

$$\pi_G^{II} > \pi_G^{CC} \Leftrightarrow \theta < \sqrt{13} - 3 \qquad (4.6)$$

$$\pi_G^{CC}, \ \pi_G^{TC} > \pi_G^{CT}, \ \pi_G^{TT} \qquad (4.7)$$

$$\pi_G^{CT} > \pi_G^{TT} \Leftrightarrow \Delta c > \Gamma_4(\theta) \qquad (4.8)$$

$$\pi_G^{CC} > \pi_G^{TC} \Leftrightarrow \Delta c > \Gamma_5(\theta) \qquad (4.9)$$

在模型建立过程中,第三方供应商在策略Ⅱ和策略CC中不参与任何的零部件生产和供应,因此公司的利益比较将与零部件生产成本Δc无关。之所以要分析公司在策略Ⅱ和策略CC中的收益:第一,从竞争对手处采购零部件可以减少竞争,这是策略CC存在的原因;第二,将所有的零部件都在自己内部生产,可以减小双重边际效益带来的供应链低效化,这是策略Ⅱ存在的原因。式(4.6)表示从竞争对手处采购零部件可以减少竞争。可以看出,当$\theta > \sqrt{13} - 3$时,企业G从竞争对手处采购零部件可以取得更多的收益。在现实中可以理解为,此时由于竞争程度的激烈化,通过减少企业间的竞争所得到的收益大于通过减少二次边际效益所得到的收益,因此企业会让竞争对手来负责零部件的供给,即使这样有可能增加二次边际效益所带来的损失。在市场中企业竞争过于激烈的时候,产品的价格就会越来越低,最后接近于商品生产成本,企业将没有任何的收益。在从竞争对手处采购零部件的过程中,由于竞争对手会从供给企业G的零部件的过程中取得相应的收益,一定程度上减少了企业间的竞争,使得市场上的商品定价竞争减缓,从而实现双赢。如果市场需求量非常的巨大,即使企业之间生产可以相互替代的竞争产品,产品的竞争程度却不高,这是因为巨大的消费群体使竞争企业都拥有足够大的市场和足够多的消费者。企业可以采取自己加工生产零部件的策略,此时如果从企业外部采购零部件,反而会造成边际效益的增加,导致产品价格上升。

从式(4.7)中可以看出,$\pi_G^{TC} > \pi_G^{CT}$,表示当两个竞争企业间发生零部件供给合作关系的时候,企业成为零部件供应商的收益总是优于企业没有成为零部件供应商的收益。这个结论与图4.4所示相符。企业之间存在零部件供给关系时,可以通过减少竞争获得更多的收益;特别是担任供应商角色的企业，不仅可以从产品的销售市场中获得更多的收益，还可以从零部件批发市场中获得收益。通过分析可知，成为供应商可以得到更多的收益，因此有竞争关系的企业都会积极争取成为对手企业的供应商，这样竞争企业间将在没有任何契约的情况下形成一个共识，相互成为彼此的零部件供应商，即供应商选择策略 CC。这种结果是否是最优结果？下文将对这一问题进行详细的分析。

将企业 G 在策略 TT 和策略 TC 中的收益进行比较可知，当企业 G 成为供应商的时候，它的收益总是优于在策略 TT 中的收益。这是因为在策略 TC 中，由于企业间存在着合作关系，企业间的竞争减少了，且企业 G 还能从零部件的批发市场得到相应的收益。另外，当企业 S 的零部件生产成本远远小于第三方供应商的生产成本时，即 $\Delta c > \varGamma_4(\theta)$，企业 G 从竞争对手 S 处采购零部件所得到的收益大于和第三方供应商发生采购关系时所得到的收益，即 $\pi_G^{CT} > \pi_G^{TT}$。然而当竞争对手 S 的零部件生产成本优势并不大的时候，即 $0 < \Delta c < \varGamma_4(\theta)$，企业 G 将会选择从第三方供应商那里采购零部件，取得较多的收益，即 $\pi_G^{TT} > \pi_G^{CT}$，即使第三方供应商生产零部件的生产成本高于竞争对手的生产成本。这是一个有趣的结论，在现实生活中人们往往会选择生产成本低的供应商来增加自己的收益，而此刻通过证明可知，即使竞争对手的生产成本较低，企业也会因为选择第三方供应商而获得较多的利益。这是因为，即使竞争对手拥有较低的生产成本，且和竞争对手合作可以减少市场上激烈的竞争，但是企业由于不想被竞争对手所牵制，不想降低自己在定价过程中的地位，仍然会选择和第三方供应商合作，以获取更多的利益。

从前文的讨论中可以得知，供应链中竞争企业间进行合作总是好过没有合作的情况。既然合作能够带来好处，竞争企业间是否要加大合作力度，即使合作会带来一定的负面作用，即产品的可替代程度增加、信息技术泄露等。事实证明，竞争企业间的合作是有一定限度的，并不是越多越好。过于密切的合作反而会给竞争双方带来不好的影响。例如，企业 G 在双边合作中获得的收益大于其在单边合作中的收益（$\pi_G^{CC} > \pi_G^{CT}$），命题成立的条件是第三方供应商有着较大的生产成本$[\Delta c > \Gamma_5(\theta)]$，只有满足上面的条件时，双边的合作对于企业 G 来讲才是有益的；而当第三方供应商的生产成本很小的时候，双边合作对于企业 G 来讲是无益的。在现实中，企业间竞争并不会因为合作而有所缓和，即不可能存在无限度的合作，它们的合作是在竞争的基础上，为了增加各自的收益而进行的相对合作。在一些情况下，即使竞争对手拥有先进的技术和较低的生产成本，企业也会因其他目的，选择和自己没有竞争关系的第三方供应商。

在分析单个企业因为零部件供应商选择策略的不同而导致收益变化情况基础上，研究现实中的一种特殊情况。例如，家电行业最出名的集团是 1967 年成立的德国博西家用电器集团（Bosch and Siemens Home Appliances Group），其中博世公司和西门子公司分别拥有集团一半的控股权，且两个公司在市场上有相互竞争的商品，商品具有相互替代性。博世公司的产品文化是"激情与速度"，而西门子公司的产品文化是"智能，人性化"。博世公司还为西门子公司提供冰箱、洗衣机的电子零部件。博世家电和西门子家电之间的竞争战略是博西家电集团采取的一种产品策略，但无论竞争还是合作都是为了使得博西家电集团在同行业竞争中取得更多的收益。这样的现实案例在汽车行业中也存在，如法国的标志雪铁龙集团（PSA Peugeot Citroen）。针对上面描述的市场中的商业案例，下文将讨论两个公司在不同供应商选择策略中总收益的变化。假设企业 G 和企业 S 同属于一个集团企业之下，是具有较高独立权的两个子公司，有可以相互替代的产品在市场上竞争，且可以独立制定商品的价格。为了使得整个集团利益最大化，在选择供应商策略的时候，不能以单个企业的收益变化来衡量策略的优劣，而是要考虑两家企业总收益的变化。设总收益为 $\pi_{GS} = \pi_G + \pi_S$。通常，人们会认为，如果两个子企业可以相互供给零部件，那么相互合作一定是最好的结果，即使市场上还存在着可以提供零部件的第三方供应商。下面将针对这个有趣的问题进行具体的讨论，来验证观点的正确性。假设企业 G 和企业 S 在合作策略 TC 或策略 CC 中取得的总收益大于它们在策略 TT 中取得的总收益，此时两企业会选择合作。因为当总收益 π_{GS} 增加的时候，它们可以通过相互协商来分配比不合作增加的那部分总收益，这样对相互竞争的公司来讲是双赢的结果。因此假设两个企业的最优总收益为 π_{GS}^*，则：

$$\pi_{GS}^* = \max[\pi_{GS}^{TT}, \pi_{GS}^{TC}, \pi_{GS}^{CC}] \quad (4.10)$$

在企业 G 和企业 S 选择总收益最大策略的可能性存在的情况下，对各个策略中企业 G 和企业 S 的总收益进行比较。

(3) 各个策略下的总收益分析

对两个企业的总收益在各个策略下进行比较与分析，得到以下结果，临界值的具体数值参考附录1，其中 π_{GS}^{TT} 表示在策略 TT 下的两个企业的总收益，其他依此类推。

$$\pi_{GS}^{II} > \pi_{GS}^{TT} \Leftrightarrow \Delta c > \Gamma_0(\theta) \quad (4.11)$$

$$\pi_{GS}^{II} > \pi_{GS}^{CC} \Leftrightarrow \theta < \sqrt{13} - 3 \quad (4.12)$$

$$\pi_{GS}^{TT} < \pi_{GS}^{CC} \Leftrightarrow \Delta c > \Gamma_1(\theta) \quad (4.13)$$

$$\pi_{GS}^{TT} < \pi_{GS}^{TC} \Leftrightarrow \Delta c > \Gamma_2(\theta) \quad (4.14)$$

$$\pi_{GS}^{TC} < \pi_{GS}^{CC} \Leftrightarrow \Gamma_{3a}(\theta) < \Delta c < \Gamma_{3b}(\theta) \quad (4.15)$$

McGuire 和 Staelin 的研究曾指出，将产品的销售交给第三方零售商可以减缓制造商之间的竞争。通过比较各个策略下的总利润可以看出，由第三方供应商提供零部件，确实可以减缓企业间的竞争。但是也有特殊的情况，当两种产品完全不可替代（$\theta=0$）时，两个企业将自己生产它们所需要的零部件（策略 II），即内部自产自足，这样可以避免外包所产生的双重边际效应；除非第三方供应商的成本非常低（$\Delta c < \Gamma_0(0) = -1$），它们才会从外部采购自己所需的零部件。通过式(4.11)同样可以得到 $\Gamma_0(\theta)$ 随着 θ 的增加而增加的结论。因此和策略 II 相比，当市场上企业间竞争加剧的时候，策略 TT 会更加有意义，因为由第三方供应商负责零部件的供应可以减缓企业间的竞争。

在策略 II 和策略 CC 中，第三方供应商不负责生产和提供任何的零部件，因此当比较这两个策略中的企业总收益时，不用去考虑 Δc 的变化。当比较策略 II 和策略 CC 时，两个因素起到主要的作用：第一，从自己的竞争对手那里采购零部件可以减缓竞争(策略 CC);第二,将所需零部件都在企业内部自己生产,可以消除外包所带来的双重边际效应(策略 II)。这和前面分析企业 G 的收益变化时相同。当所有的企业生产零部件具有相同的成本的时候($\Delta c = 0$),从式(4.11)可以看出,从第三方供应商处采购零部件所带来的减少竞争的优势小于其发生外部采购所带来的双重边际效应的负面影响,因此策略 II 中企业的总收益大于策略 TT 中企业的总收益,且和竞争激烈程度无关。式(4.12)对式(4.11)进行了深一层的扩展,可以看出,相比采购第三方供应商的零部件,从竞争者处采购零部件可以更加有效的减缓竞争。特别是当竞争激烈到一定的程度($\theta > \sqrt{13} - 3$)、所有企业的零部件生产成本相同($\Delta c = 0$)的时候,企业 G 和企业 S 的收益将因为选择策略 CC 导致的竞争减缓而越来越好,即使和策略 II 相比,选择策略 CC 会产生双重边际效应。

式(4.13)进一步表明了从竞争对手处购买零部件比从第三方供应商处购买零部件能更加有效的减缓竞争。特别是在两个企业的竞争达到中间程度($\theta = 1/2$)、竞争减缓所带来的价值不是很重要的时候,如果第三方供应商的生产成本达到一定程度($\Delta c > \Gamma_1(1/2) \approx -0.62$),策略 CC 中的企业总收益将比策略 TT 中的总收益要好。当两个企业的竞争达到白热化的程度($\theta \to 1$)时,减缓市场上的竞争将变得非常重要,此时策略 CC 优于策略 TT,即使此时第三方供应商的生产成本非常低($\Delta c > \lim_{\theta \to 1} \Gamma_1(\theta) = -\infty$)。从上面的分析可以看出,从竞争对手处购买零部件的策略可以更好地减缓竞争。

从式(4.14)和式(4.15),可以得到 $\Gamma_2(0) = \Gamma_{3b}(0)$,即当两个企业产品之间没有竞争、对零部件供应商的选择只取决于零部件生产成本的时候,两个企业会有两种选择策略:都选择和自己的竞争对手进行零部件采购交易或者都选择和第三方供应商进行零部件采购交易。当两个企业之间不存在竞争的时候,策略 TC 一定不会是最优策略。当存在竞争的时候,对策略 TT、TC 和 CC 进行比较可以发现,两个企业的总收益随合作程度变化而变化,但是变化的单调性不是唯一的。特别是从式(4.14)可以看出,策略 TC 中一定程度的合作使得总收益优于策略 TT 完全不合作的总收益,只要第三方供应商的生产成本高于$\Gamma_2(\theta)$。随着θ的增加，$\Gamma_2(\theta)$将减少，一定程度的合作(策略TC)将比不合作(策略TT)更加的有优势，因此当竞争增加时，策略TT对于企业G和企业S一定不会是最优策略。式(4.15)同样指出，最大化的合作策略CC不一定总比部分合作策略TC要好。当θ低的时候，只要第三方供应商的成本不是特别低$[\Delta c > \Gamma_{3a}(\theta)]$，策略$CC$中的总收益就会优于策略$TC$中的总收益($\pi_{GS}^{TC} < \pi_{GS}^{CC}$)。然而当$\theta$升高，且竞争企业的零部件生产成本和第三方供应商的零部件生产成本相差细微的时候($\Delta c \to 0$)，策略CC中的总收益将少于策略TC中的总收益($\pi_{GS}^{TC} > \pi_{GS}^{CC}$)。因此，即使第三方供应商的零部件生产成本较高($\Delta c > 0$)，也存在策略$TC$中的企业总收益大于策略$CC$中的企业总收益的情况。

在下面的分析中，将讨论企业总收益比较均衡下的最优策略。企业总收益比较的最优策略选择如图4.5所示，在曲线以外的部分，代表企业的需求函数不成立。

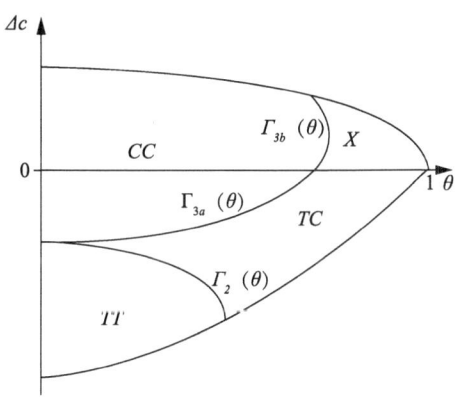

图4.5 关于参数变化的最优策略分布

(4) 企业总收益比较情况下关于参数Δc和θ的最优策略

当企业S将零部件外包给企业G的时候，企业G的收入由两部分所组成：一部分来自零部件的批发市场，另一部分来自最终产品的销售市场。因此，当企业G和企业S产品之间没有竞争的时候($\theta = 0$)，两个公司都会从自己的竞争对手处采购零部件(策略CC)。但是，如果第三方供应商的零部件生产成本非常低廉($\Delta c \ll 0$),它们将从第三方供应商处采购零部件(策略 TT)。

Venkatesh et al. (2006)、Xu (2010)、Wang et al. (2013)在其研究中曾经指出,与竞争对手合作可以减缓供应链中的竞争。因此人们会认为随着竞争的加剧,策略 CC 占优区域将会越来越大,因为相比策略 TC 而言,在策略 CC 中企业 G 和企业 S 有着更多的合作。然而计算发现,这个结论不成立。因为企业 G 和企业 S 的总收益受到两个因素的影响:第一,产品制造企业和第三方供应商之间的相关生产成本。从数值计算上可以看出,在策略 CC 中,生产成本的影响程度相比策略 TC 更加明显。第二,两个企业间的竞争程度。从前文可知,当竞争激烈的时候,策略 TC 中的总收益要优于策略 CC 和策略 TT 中的总收益。因此,当一个产品制造企业从自己的竞争对手处采购自己所需的零部件,另一个产品制造企业从第三方供应商处采购自己所需的零部件时,供应链中企业的总收益会增加,即使企业间的商品竞争很激烈,且第三方供应商的生产成本较高。这便是图中 X 所在区域所反映的情况。

上面研究了两个相互竞争的产品制造企业关于零部件供应商选择的问题,它们可以选择竞争对手作为自己的零部件供应商也可以选择第三方供应商。不少学者认为和竞争对手合作可以减缓市场竞争,因此直观上看,如果合作越来越多,那么企业的收益也将越来越好。但是通过建模和计算发现,此结论并不适用于所有情况。本节在进行供应商选择问题研究的时候,做了一些假设,使得模型更加的经典和利于计算。首先,假设所有企业关于零部件生产成本的信息是完全掌握的。当生产成本的信息是不对称的时候,与自己的竞争对手合作是更加明智的选择,因为可以从竞争对手的最终产品定价来了解竞争对手的零部件生产成本。其次,假设市场需求不变。当市场需求不确定的时候,企业还要考虑缺货成本或者库存成本,这些因素都会影响供应链的效率。最后,假设产品制造企业作为供应商的供应能力是无限制的。当供应能力有限时,企业在提供零部件的时候,会考虑怎样分配自己和对手的零部件。通过上面的分析可以看出,无论是合作生产还是企业自我完成生产，在具有不同优点的同时，也各有缺失。策略没有绝对意义上的好坏之分，还是要根据不同的条件和情景，来选择对企业最有利的策略，使企业的收益最大化。当竞争公司面对着供应商选择问题的时候，由于供应商有着不同的类型，选择往往是复杂的。企业的选择不仅同零部件的生产成本和价格有关，还与企业的行动顺序有关。企业只有充分考虑自身的利益和竞争对手利益，才能做出最优的决策。文中还分别讨论了企业的利益在各个策略中的变化情况，并比较了收益大小与变化阈值。在上面的研究中为了简化条件，假设企业和第三方供应商生产的零部件具有完全相同的性质，不仅可以相互替代，而且连质量、外观都完全相同。在下面的研究中，将假设条件普遍化，假设零部件由于来自不同性质的供应商而具有不同的质量，即在零部件有质量差异的条件下，建模研究企业的供应商选择问题。

4.2 零部件存在差异化时的供应商选择策略

在上一节中，研究了有竞争商品的企业关于零部件供应商选择的问题，其中假设了当零部件分别来自第三方供应商或是竞争对手的时候，完全无差异。但在现实中，不同企业生产出来的零部件是不可能完全相同的，特别是一方是产品制造企业，另一方是第三方供应商。下文将在零部件有质量差别的条件下，研究竞争企业对供应商的选择问题。

4.2.1 零部件有差异的问题描述

随着经济的快速发展，在高科技产品市场中，零部件从企业外采购的现象非常普遍。例如，在手机市场上，苹果公司将手机的显示器外包给三星公司，但同时三星公司也有自己品牌的手机，于是三星公司在作为苹果公司零部件供应商的同时，也是苹果公司在手机市场上强有力的竞争对手(Martin，2012)。越来越多的公司选择和它的竞争对手进行合作，形成竞争企业间的竞争与合作关系。例如，日产应用梅赛德斯的汽车底盘来生产它的英菲尼迪汽车，而梅赛德斯公司则使用日产的发动机来组装自己的汽车(Chappell，

2012);徕卡公司将自己数码照相机的电子元件外包给松下集团,而松下照相机则使用徕卡相机的镜头(Marketing Weekly News,2012;Digital Life,2007)。但是当零部件来自不同的公司时,也会表现出不同的特点。例如,三星公司和台湾机电电子公司都为苹果公司提供笔记本的处理器,而作为苹果竞争对手的三星公司和纯作为供应商的台湾机电电子公司所提供的处理器在许多方面都存在不同。当采购的零部件不同时将对产品、对企业的收益产生怎样的影响?下面针对这一问题进行具体的建模和分析。

假设市场上存在着两家产品生产企业,他们在市场上有相互竞争的产品。相互竞争的产品由两个主要的零部件组成。两家产品企业可以各自生产一种不同的零部件,例如苹果公司可以生产手机的操作系统,而三星公司可以生产手机屏幕等硬件。同时它们又从企业外部采购自己需要,而又不能生产的零部件。假设市场上还存在两个纯粹的第三方零部件制造商,它们不直接销售商品给终端消费者,例如台湾富士康公司为苹果代工,但是却没有自己品牌的产品直接面向顾客(Levian & Su,2008)。当零部件由产品生产企业制造和由第三方零部件制造商制造时,生产成本相同,但是质量不相同。而当企业将来自竞争对手或者第三方零部件制造商的零部件应用于产品生产时,所生产的产品质量也是不同的,且这种质量的差异是可以被消费者观察到的,例如苹果的 iPhone 5s 手机和廉洁 iphone 5c 手机。应用经典的模型,让产品制造企业在终端消费市场上给商品定价,而零部件供应商在零部件批发市场上给零部件定价。面对着两种类型的供应商(竞争对手和第三方供应商),企业要选择其中的一家作为自己的零部件供应商,并通过产品价格和质量的竞争,来最大化自己的利益。

4.2.2 零部件有差异时供应商选择模型的建立

假设两家企业分别为企业 G 和企业 S,同时两家第三方零部件供应商分别为 A 和 B。最终的商品主要由两个零部件所组成:零部件 A(软件)和零部件 B(硬件)。企业 G 有能力生产零部件 A,且总是自己生产,却不能生产零部件 B,需从企业外部购买零部件 B。企业 S 有能力生产零部件 B,

且总是自己生产,却不能生产零部件 A,需从企业外部购买零部件 A。第三方供应商 A 只能提供零部件 A,而供应商 B 只能提供零部件 B。

最终产品的质量是由两个要素所决定:零部件 A 的质量和零部件 B 的质量。而零部件由企业或者第三方供应商供给时,其质量是不相同的。当企业从第三方供应商处采购零部件的时候,将最终生产出质量水平为 N 的产品;而当企业从自己的竞争对手处采购零部件时,将最终生产出质量水平为 αN 的产品。其中,α 是一个外生变量,说明质量水平是不确定的。企业商品的销售市场的大小随着质量水平的变化而变化,其中市场总需求量变化参数与质量变化参数 α 相同。

在生产交易过程中,企业从第三方供应商和竞争对手中选择零部件供应商,以在市场竞争中使收益最大化。假设企业的选择策略为 N,其中 $N \in \{T, C\}$,T 代表企业从第三方供应商处采购零部件,C 代表企业从竞争对手处采购零部件。通过上面的分析,得出企业产品的需求函数:

$$q_i(\theta) = Q_i(N) - \frac{1}{1-\theta} p_i + \frac{\theta}{1-\theta} p_{\bar{i}} \qquad (4.16)$$

$$Q_i(N) = \begin{cases} \alpha M, & N = C \\ M, & N = T \end{cases}$$

通过观察可以发现,这里的需求函数和上一节中的需求函数有所不同,上一节中市场总需求量是一个定值,不会因为企业的不同策略而改变,而在式(4.16)中市场总需求量是一个和企业决策有关的变量,不同的决策带来不同质量的零部件,从而生产出不同质量的产品,市场对不同质量产品的总需求量也不相同。

其中,Q_i 是市场对产品 i 的总需求,与企业的供应商选择策略有关,$i \in (G, S)$,$\bar{i}$ 表示公司 i 的竞争对手企业;p_i 表示企业对最终产品的定价;M 表示市场的基础需求;α 是市场需求关于产品质量变化的参数,$\alpha > 0$。当 $0 < \alpha < 1$ 时,表示企业从竞争对手处采购零部件,此时采购了较低质量的零部件,从而生产出产品的质量也较低。例如,竞争企业因为要生产最终产品,因此在零部件生产与研发方面不够专业和优秀。当 $\alpha > 1$ 时,表示企业从竞争对手处采购零部件的时候,采购了质量较好的零部件,从而生产出质量较好的产品。例如,竞争企业因为拥有雄厚的技术、财力和人力资源,可以积极开展零部件的生产和研发。当 $\alpha = 1$ 时,企业从第三方供应商和竞争对手处采购的零部件质量无差异,因此生产的产品也没有质量上的差异。这种情况就是上一节中所介绍的情况,是一种特例在此不再赘述。在需求函数中,θ 表示产品之间的可替代度,$0 \leq \theta < 1$,也是市场中产品竞争程度参数。当 θ 为零的时候,表示竞争企业之间相互独立,彼此的产品不相互影响;而当 θ 接近于 1 的时候,表示竞争企业间的产品是完全可以相互替代的,市场中产品竞争很激烈。

与上一节相同,仍然将企业的策略分为四种不同的策略组合。其中,零部件的批发价格由供应商来确定,产品的销售价格由企业确定,企业间的行动没有先后之分,企业同时选择供应商,同时制定产品的销售价格。为了使文章清楚且易于理解,在下面的分析过程中,只列出不同情况下企业的需求函数,而不再描述企业的收益函数,收益函数可以参见上一节中当 $\Delta c = 0$ 时的各种策略下的企业收益的表达式。

假设 T 表示第三方供应商提供零部件,C 表示竞争企业提供零部件,则四种策略组合集为 $\{TT, TC, CT, CC\}$,其中 TT 表示企业 G 和企业 S 同时选择第三方供应商来提供零部件,其他依次类推。为了突出此时商品的需求函数和上一节中的略有不同,在下面的讨论中,假设 $D_i = Q_i(N) - \frac{1}{1-\theta}p_i + \frac{\theta}{1-\theta}p_{\bar{i}}$,其中 D_i 表示市场对商品 i 的实际需求,$i \in (G, S)$。

(1) 策略 TT,企业 G 和企业 S 都从第三方供应商处采购零部件

$$D_G = M - \frac{1}{1-\theta}p_G + \frac{\theta}{1-\theta}p_S \tag{4.17a}$$

$$D_S = M - \frac{1}{1-\theta}p_S + \frac{\theta}{1-\theta}p_G \tag{4.17b}$$

(2) 策略 TC,企业 G 从第三方供应商 B 处采购零部件,企业 S 从竞争对手企业 G 处采购零部件

$$D_G = M - \frac{1}{1-\theta}p_G + \frac{\theta}{1-\theta}p_S \quad (4.18\text{a})$$

$$D_S = \alpha M - \frac{1}{1-\theta}p_S + \frac{\theta}{1-\theta}p_G \quad (4.18\text{b})$$

（3）策略 TC，企业 G 从竞争对手企业 S 处采购零部件，企业 S 从第三方供应商 A 处采购零部件

因为策略 CT 和策略 TC 正好相互对应，为了简化计算，在下面的分析中将只分析策略 TC。

$$D_G = \alpha M - \frac{1}{1-\theta}p_G + \frac{\theta}{1-\theta}p_S \quad (4.19\text{a})$$

$$D_S = M - \frac{1}{1-\theta}p_S + \frac{\theta}{1-\theta}p_G \quad (4.19\text{b})$$

（4）策略 CC，企业 G 和企业 S 相互提供零部件

$$D_G = \alpha M - \frac{1}{1-\theta}p_G + \frac{\theta}{1-\theta}p_S \quad (4.20\text{a})$$

$$D_S = \alpha M - \frac{1}{1-\theta}p_S + \frac{\theta}{1-\theta}p_G \quad (4.20\text{b})$$

4.2.3　零部件有差异时供应商选择的最优策略分析

在上述策略划分和模型的基础上通过计算可以得到企业 G 和企业 S 在各个策略中的收益表达式。针对不同策略中企业收益的大小，做如下的分析，从而得出企业在供应商选择时的最优策略。

（1）分析比较企业收益在各个策略中的大小

其中假设阈值 γ_G，γ，Γ，Γ_S，Λ 和 Λ_G，阈值的计算和划定步骤在附录 2 中给出。

$$\pi_G^{TC} > \pi_G^{TT} \Leftrightarrow \alpha > \gamma_G \quad (4.21)$$

$$\pi_S^{TC} > \pi_S^{TT} \Leftrightarrow \alpha > \gamma \quad (4.22)$$

$$\pi_G^{CC} > \pi_G^{TC} \Leftrightarrow \alpha > \Gamma \quad (4.23)$$

$$\pi_S^{CC} > \pi_S^{TC} \Leftrightarrow \alpha > \Gamma_S \quad (4.24)$$

$$\pi_S^{CC} > \pi_S^{CT} \Leftrightarrow \alpha > \Lambda \quad (4.25)$$

$$\pi_G^{CC} > \pi_G^{CT} \Leftrightarrow \alpha > \Lambda_G \quad (4.26)$$

首先，企业 G 从第三方供应商处采购零部件的时候，企业 S 可以有两种选择，即策略 TT 和策略 TC。企业 G 在策略 TC 中的收益大于其在策略 TT 中的收益(当且仅当参数 α 大于 γ_G)，企业 S 在策略 TC 中的收益大于其在策略 TT 中的收益(当且仅当 α 大于 γ)。通过计算可以得知，参数 γ 总是大于参数 γ_G，因为有 $\gamma \geq 1$ 和 $\gamma_G < 1$。因此，如果在策略 TC 中企业 S 的收益变优，则企业 G 的收益也会变优。当 $\alpha > \gamma$ 的时候，企业 S 会从对手企业 G 处采购自己所需的零部件，即使企业 G 将从第三方供应商处采购零部件；而企业 G 因为同时从产品销售市场和零部件批发市场获得收益，总收益也会增加。当 $\gamma > \alpha > \gamma_G$ 的时候，企业 S 选择采购企业 G 供给的零部件所获得的收益小于采购第三方供应商供给的零部件所获得的收益，企业 S 往往会选择不和企业 G 合作。

其次，无论企业 G 从谁那里采购自己所需的零部件，企业 S 都会选择和企业 G 合作，即策略 TC 和策略 CC。当参数 α 大于参数 Γ 的时候，企业 G 会从企业 S 处采购零部件，这会给企业 G 带来更多的利益。当参数 α 大于参数 Γ_S 的时候，企业 S 也同样这在策略 CC 中取得更大的收益。而通过计算同样可以得到 $\Gamma \geq 1$ 和 $\Gamma_S < 1$，所以在策略 CC 中，当企业 G 的收益变优的时候，企业 S 的收益同样会变优。而当 $\Gamma > \alpha > \Gamma_S$ 时，在策略 CC 中，仅仅企业 S 的收益变优，企业 G 的收益将会减少。

最后，当企业 G 将零部件外包给企业 S 而企业 S 有不同的选择时，如果参数 α 大于参数 Λ，则企业 G 和企业 S 的收益都会变优。当企业 G 有不同的供应商选择，而企业 S 从第三方供应商处采购零部件的时候，如果参数 α 大于参数 γ，企业 G 和企业 S 的收益也同时变优。

通过上面的分析，得到了企业 G 和企业 S 在不同策略中的收益关于参数 α 的分布(见图 4.6)，在下面的分析中将结合图 4.6 来分析公司的均衡策略。

(2)企业收益分布和均衡策略

通过分析可以得出企业的均衡策略:

1)策略 TT 当且仅当 $\alpha<\gamma$。

2)策略 CT 和策略 TC 当且仅当 $\gamma<\alpha<\varGamma$。

3)策略 CT 当且仅当 $\varGamma<\alpha<\gamma$。

4)策略 CC 当且仅当 $\alpha>\varLambda$。

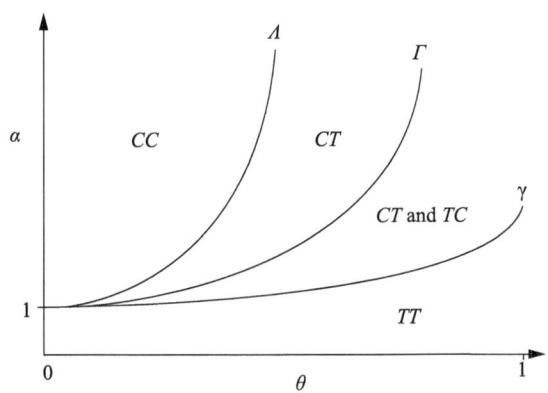

图 4.6　零部件存在差异时的最优策略分布

从图 4.6 中可以看出,首先,当 $\alpha<\gamma$ 的时候,均衡策略是企业 G 和企业 S 都选择第三方供应商作为自己的零部件供应商,而企业之间只是单纯的竞争关系,没有任何的合作。当 α 很小的时候,从第三方供应商处采购零部件,企业将得到较好的收益。特别是当 $1<\alpha<\gamma$ 的时候,企业和第三方供应商发生采购关系时得到的收益要优于和竞争对手发生采购关系时的收益。

其次,当 $\gamma<\alpha<\varGamma$ 和 $\varGamma<\alpha<\varLambda$ 的时候,如果企业 G 从企业 S 处购买零部件,其将拥有更大的消费市场。与此同时企业 S 在零部件市场中获得企业 G 零部件订货收益,即使企业 S 在消费市场中的需求量减少,企业 S 的总收益仍然会增加。因此当上面的条件成立的时候,一个企业从其他企业购买零部件,而竞争对手从该企业购买零部件,这样的策略组合是企业的均衡策略。

最后，当 $\alpha > \Lambda$ 成立时，企业的最优选择是相互采购对方所供给的零部件，即使在此策略组合中，企业不能随意地为产品定价。竞争企业间的相互合作，使得企业定价受到了一定的约束，但在此策略中企业的收益优于其他的策略。

分析完企业的均衡策略后，在下面的讨论中，将对价格和需求量做关于参数 α 的灵敏度分析。

(3) 在策略 CT 和策略 TC 中的需求和价格的灵敏度分析

$$\frac{\partial D_i^{CT}}{\partial \alpha} > 0, \quad \frac{\partial p_i^{CT}}{\partial \alpha} > 0 \tag{4.27}$$

$$\frac{\partial D_i^{TC}}{\partial \alpha} > 0, \quad \frac{\partial p_i^{TC}}{\partial \alpha} > 0 \tag{4.28}$$

首先，考虑当企业从竞争对手处采购零部件从而生产出高质量产品的情形，即 $\alpha > 1$。在策略 CT 中，企业 G 从企业 S 处购买高质量的零部件从而生产出高质量的产品，而企业 S 仅仅从第三方供应商那里购买零部件。式(4.27)表示在策略 CT 中，企业 G 和企业 S 的产品销售价格和产品需求量同时随着 α 的增加而增加。通过假设可知，当企业 G 从竞争企业 S 处采购零部件的时候，它所生产的产品有着和应用第三方供应商供给的零部件生产出的产品不同的质量特性。当 $\alpha > 1$ 时，企业 G 生产高质量的产品。高质量的产品为企业 G 带来了更广阔的消费市场，从而使得企业 G 可以提高产品的销售价格。企业 G 提高价格的行动对企业 S 的产品产生正激励，使得企业 S 在市场总需求不变的情况下，可以提高自己的产品价格，且不牺牲产品销量，即使它所生产的产品质量低于企业 G 生产的产品质量。通过分析同样可以得知，企业 G 的价格提升速度要大于企业 S 的价格提升速度($\frac{\partial p_G^{CT}}{\partial \alpha} > \frac{\partial p_S^{CT}}{\partial \alpha}$)。因此在策略 CT 中，两个相互竞争企业的产品需求和产品销售价格都会随着 α 的增加而增加。同理，策略 TC 的情况相同。

其次，考虑当企业从竞争对手处采购零部件从而生产出较低质量水平的产品的情形($\alpha < 1$)。在策略 CT 中，企业 G 从企业 S 处购买零部件生产

出低质量的产品,企业 S 却从第三方供应商处购买零部件。式(4.28)表示在策略 CT 中,企业 G 和企业 S 的产品销售价格和产品需求量同时随着 α 的增加而增加。

无论 $\alpha>1$ 或是 $\alpha<1$,竞争企业 G 和企业 S 的产品需求和产品价格都会随着 α 的增加而增加。

本节强调了从竞争对手或是第三方供应商处购买不同质量的零部件时,企业将会生产出不同质量的产品,这是现实生活中存在的情况。通过分析可以看出,当质量产生变化的时候,往往会影响企业对于供应商的选择;即使竞争对手可以提供高质量的零部件,使得企业的产品质量提高、市场需求扩大,企业也不会盲目地和竞争对手合作。这个结论再次说明了竞争对手间的合作虽然可以减缓竞争,但是合作是在一定范围内存在的,过于密切的合作对于竞争企业来讲不一定能得到最好的结果。

上面关于供应商选择的研究和分析都是基于信息完全的情况下,即企业和供应商之间的信息是完全对称的,因此在选择时不用考虑信息因素。在下面的研究中,将进行不完全信息下的供应商选择分析,此时企业将利用合同理论和激励模型来使得不同性质的供应商选择适合自己的工作。

4.3 本章小结

本章在介绍供应链中供应商相关知识的基础上,引入了供应商选择和管理问题。随着经济全球化的快速发展,供应商的角色也在发生着变化。供应商类型的繁多和身份的多重性,使得供应商选择问题越来越复杂。供需关系从最初的"一锤子买卖"朝着长期稳固的关系发展。建立良好合作伙伴关系的前提是挑选到合适的供应商。企业在供应商选择过程中要考虑的因素越来越复杂。当供需合作关系建立以后,企业便要努力去维护这样的关系,对供应商进行管理。本章是在上述问题的基础上,引入现实市场中的案例,对其中的问题进行分析和讨论,努力解决供应商选择中的难题。在分析的过程中,发现当供应商是竞争对手的时候,适当的合作可以促进合作双方的收益增加;当不同的供应商提供产品质量不一样的时候,企业考虑问题会更加复杂。本章在前人研究的基础上，提出了当竞争企业相互成为零部件供应商的情况，并建立了企业对供应商的选择模型。在模型中，不仅竞争企业可以作为零部件供应商，市场中还存在着单纯的第三方供应商。假设竞争企业的供应商选择行为是同时发生的，分两种情况讨论了企业最优收益和最优策略：第一，零部件来自竞争对手或者第三方供应商质量完全相同；第二，不同来源的零部件质量有差异。

第5章 供应链运营中企业产品研发策略博弈分析

第3章与第4章分别介绍了企业在供应链运营过程中，对于供应商的选择问题和零部件外包的策略考虑。随着技术与经济的进一步发展和供应链的不断完善，企业在其自身发展过程中，越来越重视对核心技术和先进产品的拥有权，只有掌握核心技术与先进产品，才能在供应链运营过程中具有决策权，才能在市场竞争中处于优势。企业对产品进行研发是为了降低成本、提高产品的质量、创新产品，从而在市场中占有更多的产品份额。本章中将讨论企业在建立稳定的供应商关系之后，在产品研发阶段与供应商和竞争对手间的博弈关系。

5.1 企业产品研发

产品的研发可以缩短产品的生命周期，不断地推出具有先进技术的产品，满足更加多变的市场需求。如果企业不思进取、故步自封，则会在激烈的市场竞争中丧失市场份额，最终失去获利的途径和竞争的优势。产品研发可分为以下几种类型：

(1) 派生产品的研发

主要是对现有产品的技术、性能、质量、外观等进行研发和改进，使其在质量和性能方面更加优秀，在外观和型号方面更加符合消费者的需求，在成本和价格方面更加有利于企业获利。派生产品的研发往往投入较少，它是对原有产品进行研发和改进，改善产品的设计和制造流程，是对产品的一种补充和优化。如照明器材的改进，以前的照明器材只有一种频段和光源，现在的照明器材可以根据个人的需要和环境的变化，使用不同的发光源，使其呈现出不同的色彩；现在的照明器材有了遥控式的开关，更加方便人们的起居。这些功能的改进与延伸都是为了适应了人们的生活和需要，在原有产品的基础之上进行改进，从而呈现出新的附加功能，以开拓更加广阔的市场，更好地满足消费者的需要。

(2) *产品换代的研发*

此类研发主要是指产品的基本原理不改变，随着技术和科技的发展，出现了新的技术和新的元件，从而要对产品内部的个别性能和结构进行改变，生产出更加适应时代变化的产品，如电视机、电脑和手机等。这些产品的换代更新，多半是伴随着新部件，如显示屏、显像管、处理器等的产生。每一次的换代更新都使产品的性能有了飞跃性的发展。换代产品保证了企业利润的持续增长，这样就会有更多的资金应用于换代更新；换代更新为企业培养了众多的消费者，而这些消费者对产品往往具有深厚的感情和较高的产品忠诚度。换代更新采用了新的技术和零部件，往往影响到整条生产线的建设，有时生产线也随之换代。研发的资金投入巨大，存在金融风险。

(3) *新产品的创新研发*

创新研发是利用最先进的技术和知识，对产品的原理、性能、结构进行革命性的创新，与原有的产品相比，新产品在很多方面有着本质的变化。例如，第一台电脑的产生、第一架飞机的升空等，这些都是新产品的研发。如果企业有创新的产品，且可以顺利地将其推入市场，则企业可以作为市场的先入者顺利地占领市场，这样就会拥有强大的市场竞争力。产品研发在企业的发展策略中占有着重要的地位，它对企业可以产生如下的作用：促进企业的发展和产品的更新换代；成为企业间合作的切入点，并连接企业之间的合作联盟；降低企业生产成本，促进企业的资金流通等。这些都为企业在市场中拥有强有力的竞争力提供了保障。

5.2 企业在研发方面的竞争与合作

随着经济和技术的发展,企业逐步将零部件的研发过程外包给了供应商,具有分担风险、节约成本等优势。在供应商选择问题中,由于竞争对手企业也会被作为零部件供应商,因此企业不仅要考虑供应商的选择问题,还要考虑零部件或者产品的研发外包。在企业和竞争对手形成合作关系后,企业是否愿意将技术研发过程也外包给竞争对手,同样是供应链研究中的重点课题。

5.2.1 零部件研发问题描述

本小节建立了竞争企业间的零部件供给的模型,并加入了对零部件的研发行为的讨论。研究表明,企业间的合作将带来更大的社会效益,虽然无差异的零部件会加剧产品在市场上的竞争,但是由于合作使得社会资源得到了充分利用,所以企业收益会得到提高。而且有趣的是,当消费者了解到产品无差异的时候,虽然产品的竞争加剧,但总收益却优于其他策略下的总收益。本节将引用第 4 章中的案例,企业 G 选择了企业 S 作为它们的零部件供应商,但是随着市场的发展,企业 G 和企业 S 发现自己产品的竞争力不断地下降,于是它们希望可以通过研发重要零部件来改进产品的质量,提高产品的性能。企业 G 由于是从企业 S 处购买的零部件,它面临着自己开展零部件研发工作,让企业 S 负责生产零部件,还是直接将研发过程外包给企业 S,使企业 S 在负责零部件供应的同时还负责零部件的研发的问题。当然这两种选择都存在各自的优缺点,自己研发零部件,可以掌握更多的核心技术,且避免零部件乃至产品的相似度增加;让企业 S 研发零部件,则可以减少研发资金投入,使优势技术相结合,但是却会使企业 G 失去更多的自主权,且竞争产品相似度增加。Hubert 研究了企业对自己竞争对手和供应商的选择。本书将在 Hubert 模型的基础上,针对只能和竞争对手合作的问题进行细致的讨论,讨论在企业市场地位不同情况下,企业的收益因不同研发选择的变化情况和企业的收益随着产品竞争力增加的变化情况,以及在收益不理想的情况下,企业会采取怎样的措施进行补救。

假设市场中有两个风险中性的企业 i,$i \in (G, S)$,它们各自生产相互竞争的商品 k,$k \in (G, S)$。企业 G 没有零部件 B 的生产能力,企业 S 可以生产产品所需的重要零部件 B,因此企业 G 必须从的竞争对手企业 S 处购买零部件 B。随着科技的不断发展(例如,手机显示屏技术不断更新),企业 G 和企业 S 都想在竞争中保持各自的实力,它们需要投资和研发这种重要的零部件。企业 G 需要决定是否自己去投资研发和企业 S 有差异的零部件,由企业 S 来生产供给,例如苹果与三星的手机显示屏虽然不同,但是都是由三星生产和提供的;或者和企业 S 达成同盟,一起研发无差别的零部件,如松下与奥林巴斯的数码照相机拥有完全相同的电子芯片。当企业 G 和企业 S 达成同盟共同研究无差异的零部件时,它们还需要考虑是否让消费者知情。这里假设企业 G 和企业 S 可以在相互的协商中达成一定的协议,即同时让消费者知情,或者同时不让消费者知情。在信息超速发展的今天,一个企业公开信息,另一个企业隐瞒信息的情况很难实现,于是假设它们总是有相同的决定。当消费者知道两家竞争企业应用相同的零部件时,他们对产品的评价会产生相应的变化,从而会影响到产品的销量。企业 G 和企业 S 的合作竞争关系如图 5.1 所示。

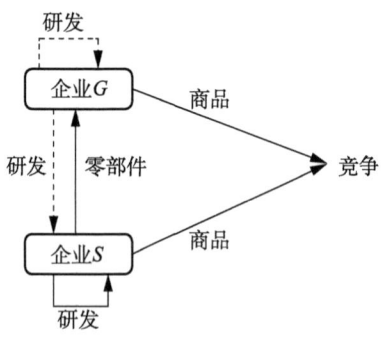

图 5.1　企业 G 和企业 S 的合作竞争关系

引用 McGuire 和 Staelin 经典的需求模型，考虑两家企业在市场上进行商品的价格竞争，两家企业的需求函数为：

$$q_i(\theta) = 1 - \frac{1}{1-\theta} p_i + \frac{\theta}{1-\theta} p_{\bar{i}} \tag{5.1}$$

其中，p_i 是商品的价格，$p_i > 0$，$i \in (G, S)$；为了简化计算，设市场的总需求量为 1，q_i 是商品的市场需求量；θ 是两种商品的可替代程度，即两种商品相互竞争的参数，且 $0 \leq \theta < 1$。当 $\theta = 0$ 的时候，两种商品的需求量相互独立，它们在各自的垄断市场上，没有相互的产品竞争。随着 θ 的增加，两种商品的可替代性越来越强，且相互竞争越来越激烈。当 $0 \leq \theta \leq 1$ 时，$\frac{1}{1-\theta} > \frac{\theta}{1-\theta}$，商品的市场需求量 q_i 更加依赖于自身的价格，而对于竞争商品价格的依赖程度相对弱一些。

市场上商品制造企业往往通过研发和改进零部件，使得自己的商品在市场上更加具有竞争性。Spence(1984)指出，对零部件的研发和改进能降低生产成本。假设两个企业生产商品的成本为 c，当两个企业采用不同的零部件时，它们分别付出 $c_i^2/2$ 的努力去研发和改进零部件，此时它们的生产成本将减少 c_i，生产成本变为 $c - c_i$。当两个企业采用相同的零部件时，将由零部件的供应方来进行零部件的研发工作，此时付出的研发和改进成本为 $c_{GS}^2/2$，此时它们的生产成本将减少 c_{GS}，生产成本变为 $c - c_{GS}$。由于企业 S 将把自己的研发成果与企业 G 共享，所以企业 S 会得到固定的技术转移费用 F。

在模型中，企业 S 提供零部件，其决定零部件的批发价格 w。企业 G 和企业 S 在竞争市场中同时决定自己商品的零售价格 p_i，$i \in (a, s)$ 两个企业行动的时间顺序如图 5.2 所示。

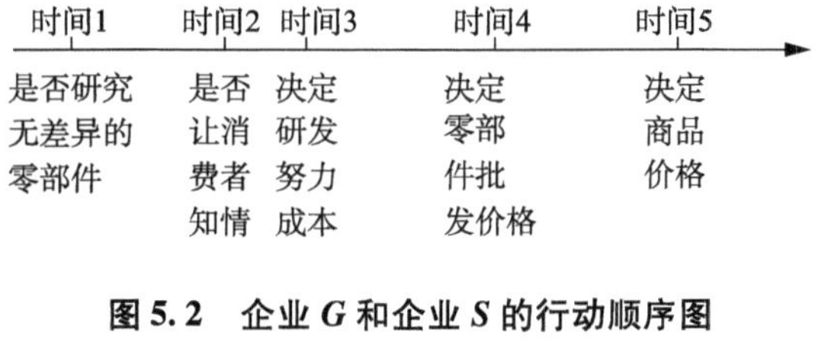

时间1	时间2	时间3	时间4	时间5
是否研究无差异的零部件	是否让消费者知情	决定研发努力成本	决定零部件批发价格	决定商品价格

图 5.2　企业 G 和企业 S 的行动顺序图

5.2.2 企业的零部件研发策略模型

综上所述,企业 G 和企业 S 首先要决定是否研发和生产无差异的零部件,然后决定在销售过程中是否让消费者了解这一信息,因此可以形成三种策略。假设 π_i^j 表示公司 i 在策略 j 中的收益,$i \in (G, S)$,$j \in (d, c, e)$。其中,d 代表两个企业采用有差异的零部件;c 代表两个企业采用无差异的零部件,但是消费者不知道;e 代表两个企业采用无差异的零部件,且被消费者所了解;w 代表零部件的批发价格。企业 G 和企业 S 同时决定商品的价格 p_G 和 p_S,企业 S 决定零部件的批发价格 w。

1)策略 d,当两个企业生产的商品应用了有差异的零部件时,其需求模型和收益模型为:

$$q_i(\theta) = 1 - \frac{1}{1-\theta}p_i + \frac{\theta}{1-\theta}p_i \tag{5.2a}$$

$$\pi_G^d = (p_G - w)q_G - \frac{c_G^2}{2} \tag{5.2b}$$

$$\pi_S^d = (w - c + c_G)q_G + (p_S - c + c_S)q_S - \frac{c_S^2}{2} \tag{5.2c}$$

此时,两个企业各自决定自己的研发成本。

2)策略 c,当两个企业生产的商品使用无差异的零部件,且没有向消费者公开零部件无差异的消息时,其需求模型和收益模型为:

$$q_i(\theta) = 1 - \frac{1}{1-\theta}p_i + \frac{\theta}{1-\theta}p_i \tag{5.3a}$$

$$\pi_G^c = (p_G - w)q_G - F \tag{5.3b}$$

$$\pi_S^c = (w - c + c_{GS}^c)q_G + (p_S - c + c_{GS}^c)q_S - \frac{(c_{GS}^c)^2}{2} + F \tag{5.3c}$$

此时,因为企业 G 不进行研发的工作,不用付出研发成本;企业 G 会给企业 S 一个固定的技术转移费用,使得企业 S 愿意付出研发成本。

3)策略 e,当两个企业生产的商品使用无差异的零部件,且告知消费者零部件无差异时,其需求模型和收益模型为:

$$q_i\left(\frac{\theta}{x}\right) = 1 - \frac{1}{1-\frac{\theta}{x}}p_i + \frac{\frac{\theta}{x}}{1-\frac{\theta}{x}}p_i \tag{5.4a}$$

$$\pi_G^e = (p_G - w)q_G - F \tag{5.4b}$$

$$\pi_S^e = (w - c + c_{GS}^e)q_G + (p_S - c + c_{GS}^e)q_S - \frac{(c_{GS}^c)^2}{2} + F \tag{5.4c}$$

此时，需求模型变成了 θ/x 的函数，其中 $0 \leq \theta/x < 1$。当两个企业在商品生产过程中应用无差异的零部件时，两种商品的相似度将随之增加，消费者会发现两种商品的相互替代性增加，于是商品的市场竞争越来越激烈，此即为当 $0 < x < 1$ 时的情况。当 $x = 1$ 时，消费者对两个商品是否应用相同的零部件并不关心，即没有特定的品牌忠诚度，应用无差异的零部件不会带来进一步的竞争。

5.2.3 零部件研发最优策略分析

对上面企业在不同情况下的收益进行计算，通过分析可知，市场中会存在两种决策研发程度的情况。在策略 c 和策略 e 中可以看出，企业 G 不直接参与生产，而是通过一个支付转移 F 来补偿企业 S 的研发零部件技术转移。当企业 G 和企业 S 具有不同的市场主导能力的时候，决策研发程度的主体也不同。假设企业 S 在市场中占有主导地位，企业 S 可以自行决策研发程度 c_{GS}，企业 G 只负责支付企业 S 一个固定的技术转移费用；假设企业 G 在市场中占主导地位，企业 G 和企业 S 一同决策研发努力程度 c_{GS}。在两种情况下对企业收益方程进行求解，可由 $c_i > 0$ 和 $c_{GS} > 0$ 得出 $0 \leq \theta < 1/3$，其中 $i \in (G, S)$。

根据上面的分析，先讨论当企业 S 决策研发努力程度 c_{GS} 的时候，企业的收益随产品相似性参数 θ 变化情况。

1) 当企业 S 决策 c_{GS} 的时候，对上述三种策略进行计算可以得出：

$$\frac{\partial q_G^d}{\partial \theta} < 0, \ \frac{\partial q_S^d}{\partial \theta} > 0, \ \frac{\partial q_i^c}{\partial \theta} > 0, \ \frac{\partial q_i^e}{\partial \theta} > 0, \ i \in (G, S) \tag{5.5a}$$

$$\frac{\partial \pi_S^d}{\partial \theta} > 0, \ \frac{\partial \pi_S^c}{\partial \theta} > 0, \ \frac{\partial \pi_S^e}{\partial \theta} > 0 \qquad (5.5b)$$

$$\frac{\partial \pi_G^d}{\partial \theta} < 0, \ \frac{\partial \pi_G^c}{\partial \theta} > 0, \ \frac{\partial \pi_G^e}{\partial \theta} > 0(当 f > 0), \ \frac{\partial \pi_G^e}{\partial \theta} < 0(当 f < 0) \qquad (5.5c)$$

其中,$f = (-512x^4 + 1024x^6 + 768x^3\theta - 512x^5\theta - 256x^7\theta - 1088x^2\theta^2 - 128x^4\theta^2 + 64x^6\theta^2 + 640x^8\theta^2 + 448x^3\theta^3 + 128x^5\theta^3 - 448x^7\theta^3 - 32\theta^4 + 64x^2\theta^4 - 248x^4\theta^4 + 112x^6\theta^4 - 16x^8\theta^4 + 32x^{10}\theta^4 - 32x\theta^5 - 16x^3\theta^5 + 8x^5\theta^5 + 24x^7\theta^5 - 16x^9\theta^5 + 4x^2\theta^6 + 40x^4\theta^6 - 34x^6\theta^6 - 4x^8\theta^6 - 28x^3\theta^7 + 14x^7\theta^7 - x^4\theta^8 + 2x^6\theta^8 - x^5\theta^9)$

从上面的结果中可以看出,第一,当企业 S 在市场中占有主导权,可以决策研发努力付出的时候,在所有的研发选择策略中,企业 S 的销售量总是随着 θ 的增加而变大,企业 S 的收益也随着 θ 的增加而变大,即使产品的激烈竞争带来了价格的减少($\frac{\partial p_S^j}{\partial \theta} < 0, j \in (d, c, e)$)。首先,考虑两个企业研究和应用有差异的零部件时,人们认为企业的收益将随着竞争程度的增加越来越差。从结论中可以看出,企业 G 的收益随着竞争的激烈程度上升而减少,但有趣的是企业 S 的收益随着竞争的激烈程度上升而越来越好。这是因为企业 S 是企业 G 的零部件供应商,它将从零部件批发市场得到一部分收益。因此企业 S 不会制定过高的零部件批发价格。随着竞争的激烈,企业 S 将投入更多的成本来研发零部件,从而使得生产成本降低。较低的生产成本使得即使企业 S 采取较低的定价,也不会对边际收益产生巨大的影响。同时企业 S 的定价较低,又使得其产品的需求量增加,所以随着竞争的激烈,企业 S 的收益将越来越好。其次,考虑两个企业研发和应用无差异的零部件的情况,从计算结果中可以看出,是否让消费者了解企业 G 和企业 S 应用了无差异的零部件两种情况下,参数的变化趋势是一致的。随着竞争的激烈,企业投入研发成本 c_{GS} 以降低生产成本。随着生产成本的降低,两个企业可以采取较低的商品定价 p_i 来缓和竞争。降低的商品定价又带来了商品需求量 q_i 的增加,当企业 G 价格降低的速度小于需求量增加的速度时,企业 G 收益增加;相反,收益就会变小。于是企业 G 的收益变化与条件有关。对于企业 S,其产品需求量增加,且企业 S 还

从企业 G 购买零部件行为中得到收益,因此企业 S 的收益变好。第二,当企业 G 将研发过程外包给企业 S 的时候,企业 G 的收益在有条件的情况下($f>0$),会出现随着竞争(θ)的增加而变大的情况。这种情况优于在企业 G 选择自己研发零部件时收益总是随着竞争的增加而减少的情况。这是因为在策略 c 和策略 e 中,企业 G 只需要转移给企业 S 一个固定的技术转让支付,且企业 S 和企业 G 的零部件生产成本降低的程度相同(c_{GS}),企业 S 在生产成本降低的同时也会降低零部件的批发价格,所以企业 G 的收益也会增加。

2)当企业 S 决策 c_{GS} 的时候,生产成本降低的程度可以通过下式计算:

$$c_G^d = \frac{2(-1+c)(-1+3\theta)(2+\theta^2)^2}{56-120\theta+40\theta^2-24\theta^3+11\theta^4+\theta^6}$$

$$c_S^d = \frac{(-1+c)(-56+50\theta+24\theta^2+12\theta^3+13\theta^4+2\theta^5+\theta^6)}{56-120\theta+40\theta^2-24\theta^3+11\theta^4+\theta^6}$$

$$C_{GS}^c = \frac{(-1+c)(2+\theta)(6-\theta+\theta^2)}{(-1+\theta)(4+\theta^2)}$$

$$c_{GS}^e = \frac{(-1+c)(2+x\theta)(6-x\theta+x^2\theta^2)}{(-1+x\theta)(4+x^2\theta^2)}$$

通过比较可知,在不同策略中通过研发努力,零部件单位生产成本减少量的排序 $c_G^d > c_S^d > c_{GS}^e > c_{GS}^c$。从排序关系可以看出,在策略 d 中,企业 G 付出比企业 S 更多的研发成本,竞争越激烈,企业 G 的收益就会越少 $\left(\frac{\partial \pi_G^d}{\partial \theta}<0\right)$。在策略 c 和策略 e 中,企业 S 投入的研发成本小于在策略 d 中两个企业分别投入的研发成本,但随着竞争的增加企业 G 和企业 S 的收益都会增加。由此可知,企业共同研发零部件,可以避免企业重复投入研发成本,提高企业研发成本的使用效率;虽然共同研发会带来产品相似程度的增加,但是企业收益仍然会在 $f>0$ 条件下伴随着商品竞争加剧而变大。这说明通过使用相同的零部件,生产成本降低所带来的收益增加速度大于竞争加剧所带来的收益减小速度。

3）当企业 S 决策 c_{GS} 的时候，企业在策略 e 中的收益关于 x 的灵敏度为：

$$\frac{\partial \pi_G^e}{\partial x}>0 \text{ 和} \frac{\partial \pi_S^e}{\partial x}<0$$

随着 x 的变化，两个企业的收益变化情况不同。随着消费者对两个公司研发和应用无差异零部件的反应度 x 的增加，企业 G 的收益将变好，企业 S 的收益将变差。$x\to 1$ 代表消费者了解到企业使用相同零部件的消息并没有过多地增加市场中产品之间的竞争。因此，当两家公司研发和应用相同的零部件时，企业 G 希望消费者不知道它们产品间的无差异性，而企业 S 则想让消费者知道它们产品间的无差异性，那么企业 G 和企业 S 之间将会达成一定的协议，来决定是否让消费者了解零部件无差异性的消息。

4）当企业 G 和企业 S 一起做研发决策时的情况。

在这种情况下，本书只讨论与企业 S 做研发决策时不同和有趣的结论。通过分析可以知道，在企业 G 和企业 S 一起做研发决策的时候，存在与企业 S 做决策时不同的情况，特别是策略 c 和策略 e。在策略 c 和策略 e 中，企业 G 的收益随着竞争的激烈而增加（$\partial G/\partial \theta>0$），企业 S 的收益随着竞争的激烈而变少（$\partial S/\partial \theta<0$），这个结论和式（5.5b）、式（5.5c）中所示的情况不一样。说明在策略 c 中企业 G 和企业 S 共同研发且一起决定研发程度的时候，由于此举措没有让消费者了解到，因此消费者的反应不会带来产品竞争加剧。特别是此时企业 G 为主导企业，它可以在自己只为零部件研发付出一个固定的支付转移的情况下，和企业 S 一起决定研发的程度，这在一定程度上使得企业 G 可以为自己的收益增加争取更多的主动权。在策略 e 中，可以得出 $\partial \pi_G/\partial x<0$ 和 $\partial \pi_S/\partial x>0$ 结论，这个结论和企业 S 做研发决策时的结论正好相反。可以看出，当企业 G 具有较强的主导能力时，由于企业 G 也可以参与决策研发，因此企业 S 的收益随着消费者知道企业间采用相同零部件带来竞争程度的增加而不断减小。

通过计算发现，单独考虑企业收益在不同策略下的大小是很难实现的。此时由于企业 G 和企业 S 一起决定零部件研发的程度，使得它们的合作更加密切，因此下面将讨论两个企业在不同策略下总收益的变化。本节将沿用 3.2 节中的特殊案例来讨论公司总收益在各个策略中的变化情况，且认为当两个企业的总收益增加时，企业 G 和企业 S 通过协商来分配总收益增加的部分。为了更加清楚地研究企业 G 和企业 S 总收益在不同策略下的变化情况，引入新的参数来表示总收益，假设 $\pi_{GS}^{j} = \pi_{G}^{j} + \pi_{S}^{j}$，$j \in (d, c, e)$。Shaffer & Zettlemeyer（2002，2004）研究了在不同的博弈策略中社会总收益最大化的问题；Lee（2009）则利用社会总收益最大化的思想讨论在供应商选择问题中的最优策略。本书同样利用社会总收益最大化思想来讨论最优策略，企业最优总收益表示如下：

$$\pi_{GS}^{*} = Max\{\pi_{GS}^{d},\ \pi_{GS}^{c},\ \pi_{GS}^{e}\}$$

通过比较在三种策略下企业总收益的大小，可以得到当两个企业达成同盟一起研发和应用无差别的零部件且让消费者了解的时候，企业总收益最大。计算出三种策略下企业总收益的排序情况，如图 5.3 所示，即 $\pi_{GS}^{d} < \pi_{GS}^{c} < \pi_{GS}^{e}$，其中 $0 \leq \theta < 1/3$，$1 < 1/x < 3$。这里只讨论 $0 \leq \theta < 1/3$ 的情况是为了确保计算中企业的参数值都更加符合实际的情况，即都大于零。

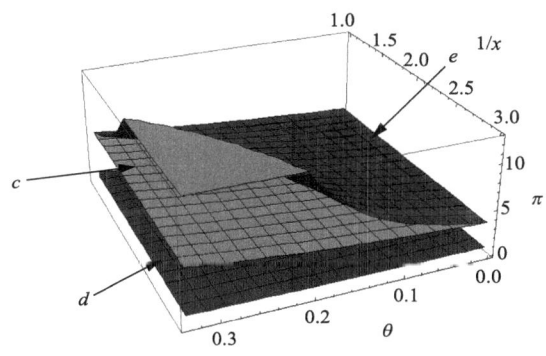

图 5.3 三种策略下企业总收益比较

从图 5.3 中可以看出，当两个企业研发和使用无差异的零部件时，产品的无差异性增加了竞争（θ 增加），与此同时当消费者了解到产品的无差异性时，消费者的反应同样增加了竞争（$1 < 1/x < 3$）。但是在策略 e 中，企业的总收益优于其他两个策略（策略 d 和策略 c），可以理解为在策略 e 中，虽然竞争的激烈程度大于其他两个策略，但是两个企业在研究和开发

零部件中的投资也越来越大，使生产成本减少得更多。虽然竞争激烈，使得商品的价格有所降低，但是成本的降低使得产品的总边际效益有所增加，在消费者总需求没有变化的情况下，企业总收益达到最优。从合作与信息的角度分析，两个公司合作时的企业总收益大于不合作情况下的企业总收益。两个企业合作，社会资源将得到最大化的应用，避免了重复研发所带来的资金重复投入的现象，所以企业总收益增加。从图中可以看出，即使产品竞争水平很低（$\theta \to 0$，$\theta/x \to 0$），企业 G 和企业 S 共同研发情况下带来的总收益仍然大于它们分别研发时所带来的收益，即在企业产品竞争不激烈的情况下，通过合作可以增加企业总收益，企业 G 和企业 S 可以通过协商来分配收益的增加部分。

5.2.4 研发策略选择的数据实例分析

上面提到由于计算结果中参数过多，因此很难比较公司收益的变化情况，本节为了说明上一节中模型的含义，并进一步验证分析得出的相关结论，将给出具体的数值进行计算和说明。

1) 假设在企业 S 单独决策研发投入成本的模型中的参数 $c=0.4$，$F=0.2$，$x \in \{0.4, 0.5, 0.6\}$，$\theta \in \{0.1, 0.2, 0.25\}$，当 x 为具体数值时，企业 G 和企业 S 的收益关于 θ 变化见表 5.1，当 θ 为具体数值时，企业 G 和企业 S 的收益关于 x 的变化见表 5.2。

首先计算在 $x=0.5$ 的时候，企业收益随着竞争激烈程度上升的变化情况，见表 5.1。

表 5.1 企业收益关于产品可替代率的变化

	$x=0.5$					
	$\theta=0.1$		$\theta=0.2$		$\theta=0.25$	
	G	S	G	S	G	S
d	0.018	0.261	0.009	0.291	0.005	0.311
c	0.202	0.819	0.259	0.915	0.295	0.972
d	0.128	0.894	0.098	1.077	0.079	1.200

从表 5.1 中可以得到与式(5.5b)、式(5.5c)相同的结论。当 $j \in (d, c, e)$ 时，随着产品竞争的加剧，企业 S 的收益总是增加，这是因为即使竞争的加剧带来了产品价格的下降，但是企业 S 的收益来自两个部分，一部分来自自己产品在市场上的竞争，另一部分来自批发市场，而且随着研发的投入，零部件的生产成本也在不断下降。当 $j = d$ 时，企业 G 的收益随着竞争的加剧而下降，这是因为竞争加剧会带来价格的下降，且还要投入大量的研发成本，从而使得收益越来越少。且从表 5.1 中可以看出当 $\theta \in (0.1, 0.2, 0.25)$ 时，策略 e 中两个企业的总收益大于其他策略中两个企业的总收益。

其次计算当 $\theta = 0.2$ 时，企业在策略 e 中的收益随 x 的变化情况，见表 5.2。

表 5.2　企业收益关于 x 的变化

$\theta = 0.2$	$x = 0.4$		$x = 0.5$		$x = 0.6$	
	G	S	G	S	G	S
	0.053	1.146	0.098	1.076	0.135	1.027

从表 5.2 中可以看出，当 θ 确定的时候，随着 x 的增加，企业 G 的收益增加，企业 S 的收益减少。当 x 小的时候，由于消费者得知企业之间应用了相同的零部件，带来了较大的商品之间的竞争。因此可以知道，当商品之间的替代率 (θ) 一定的时候，如果消费者了解到企业之间应用了相同的零部件而带来竞争加剧，企业 G 的收益减小，企业 S 的收益增加。

2) 假设在企业 G 和企业 S 共同决策研发投入成本的模型中的参数 $c = 0.4$，$F = 0.2$，$x \in \{0.4, 0.5, 0.6\}$，$\theta \in \{0.1, 0.2, 0.25\}$，分析当 x 为具体数值时，企业 G 和企业 S 的收益关于 θ 变化 (见表 5.3)，当 θ 为具体数值时，企业 G 和企业 S 的收益关于 x 的变化 (见表 5.4)。

首先计算在 $x = 0.5$ 的时候，企业收益随着竞争加剧的变化情况，见表 5.3。

表 5.3 企业收益关于产品收益变化

	$x=0.5$					
	$\theta=0.1$		$\theta=0.2$		$\theta=0.25$	
	G	S	G	S	G	S
d	0.018	0.261	0.009	0.291	0.005	0.311
c	1.43	0.02	1.73	0.01	1.94	≈0
e	1.73	0.001	2.99	≈0	4.32	≈0

其次计算当 $\theta=0.2$ 时，企业在策略 e 中的收益随 x 的变化情况，见表 5.4。

表 5.4 企业收益关于 x 变化

	$x=0.4$		$x=0.5$		$x=0.6$	
$\theta=0.2$	G	S	G	S	G	S
	4.322	≈0	2.992	0.001	2.429	0.002

通过将表 5.1 和表 5.3 比较，将表 5.2 和表 5.4 比较可以发现，当研发成本的决策人不同时，企业 G 和企业 S 的收益随着 θ 和 x 的变化趋势不同。下面将讨论在企业 G 和企业 S 共同决策研发成本时，企业 S 如何提高自己的收益。

5.2.5 加入营销手段的研发策略分析

通过假设当消费者了解到企业 G 和企业 S 应用相同的零部件时，产品的市场竞争就会增加，讨论在企业主导能力不同时企业收益和相关决策变量的变化。在 5.2.3 小节中可知，当企业 G 和企业 S 共同决定零部件研发投入的时候，在策略 e 中有结果 $\partial \pi_S/\partial \theta < 0$ 和 $\partial \pi_S/\partial x > 0$，说明在策略 e 中，随着产品竞争的激烈，企业 S 的收益将不断减少，这是企业 S 不想看到的结果。因此企业 S 会想办法减少产品的竞争。假设企业 S 为了更加突出自己的产品、减缓产品的竞争，在自己商品的市场推广中采取了营销手段。但由于在营销过程中付出了更多的努力为产品开拓市场，因此从侧面削弱了通过零部件研发降低生产成本的作用，使得企业 S 产品的生产成本在一定程度上增加。下文将分析企业 S 需采取怎样的措施降低竞争，以增加它的收益或者减缓收益减少的速率。

假设在企业 G 和企业 S 达成同盟使用和研发相同的零部件且被市场所知,企业 S 为了减缓产品之间的竞争,在产品营销方面做出努力,如在广告中突出本企业产品和企业 G 的产品不同之处。此时,假设企业 S 的需求函数为 $q_a = (\xi\theta/x)$,其中 ξ 代表在广告营销方面付出努力所带来的产品竞争的减缓程度,且 $\xi \leq 1$。当 $\xi \to 0$ 的时候,表示企业 S 在广告营销方面使得产品 G 和产品 S 在消费者心里的差异变大,在很大程度上减缓了竞争。与此同时,由于企业 S 在广告营销方面付出了更多的努力,使得研发所带来的生产成本的降低同样受到了影响。假设企业 S 的生产成本为 $c - \zeta c_{GS}^e$,其中 ζ 表示对研发作用的减弱程度,且 $\zeta \leq 1$。当 $\zeta \to 0$ 的时候,表示采用广告营销策略来强调产品的差异性时,使得研发所带来的降低生产成本的作用大大降低。当零部件供应商企业 S 采取广告营销来区分产品和减少产品在市场上的竞争时,可以得到在策略 e 中企业 G 和企业 S 的收益:

$$\pi_G^e = (p_G - w)q_G(\theta/x) - F \tag{5.7a}$$

$$\pi_S^e = (w - c + c_{GS}^e)q_G(\theta/x) + (p_S - c + \zeta c_{GS}^e)q_S(\xi\theta/x) - (c_{GS}^e)^2/2 + F \tag{5.7b}$$

下面仍然选取相应的数值对计算的结果进行分析。设 $\xi \in \{0.2, 0.8\}$,$\zeta \in \{0.2, 0.8\}$,分析企业 S 的收益变化趋势,并与 $\xi = \zeta = 1$ 时,即没有广告营销这一特殊情况下企业 S 的收益变化趋势相比较。如图 5.4 和图 5.5 所示。

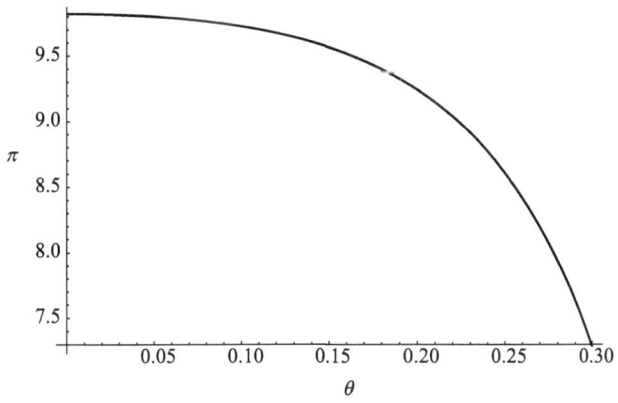

图 5.4 企业 S 的收益变化趋势

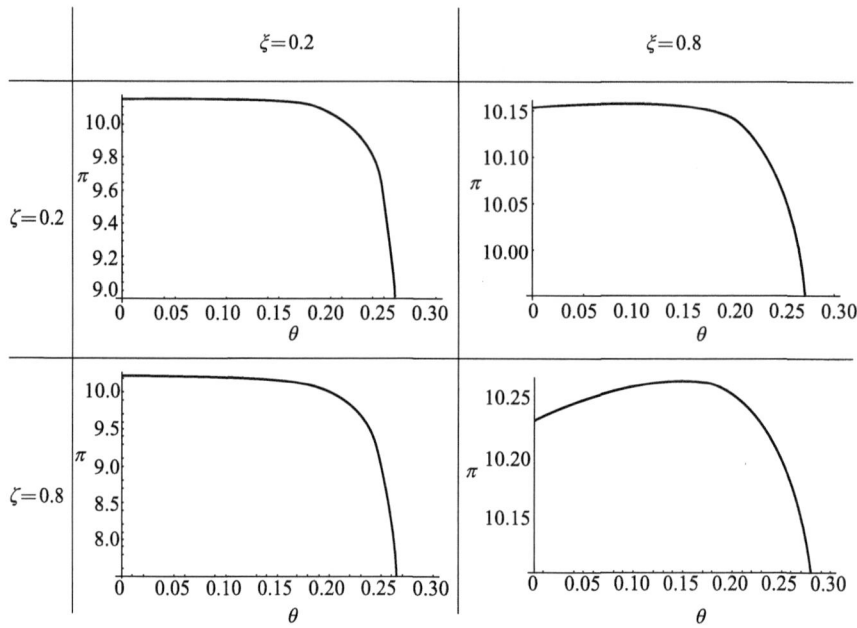

图 5.5　企业 S 在广告营销策略下的收益变化趋势

在图 5.4 和图 5.5 中，曲线表示企业 S 的收益在 ξ 和 ζ 取值不同时，θ 增加时的变化趋势。从图 5.4 中可以看出，企业 S 的收益是关于 θ 的减函数，这和前文 $\partial S/\partial \theta < 0$ 的结果一样。因此企业 S 不希望产品在市场中的竞争越来越激烈。而在策略 e 中，由于企业 G 和企业 S 使用了相同的零部件，且此信息被消费者所了解后，加剧了两个产品在市场中的竞争，这样势必会削弱企业 S 的收益。于是企业 S 希望通过广告营销策略，来宣传企业 G 和企业 S 产品的不同之处，从而减缓收益因竞争加剧而减少的速度。和图 5.4 中的收益曲线相比，图 5.5 中收益曲线在 $\theta \to 0$ 零时的收益值大于图 5.4 中企业 S 的收益值，可知当两种商品在市场中的竞争可以忽略不计的时候，广告营销可以增加企业 S 的收益。营销学认为，广告营销是市场营销的主要手段。当 $\xi = 0.2$ 和 $\theta \leq 0.2$ 时，企业 S 收益减少的变化速率小于图 5.5 中的企业 S 收益减少变化速率；当 $\xi = 0.8$ 时，企业 S 的收益随着 θ 的变化经历了先增加后减少的变化过程，这和图 5.5 中收益变化趋势不相同。通过分析可以看出，当企业 S 采取广告营销来减缓产品在市场中的竞

争时，无论广告营销减缓市场竞争的作用有多大，都可以在一定程度上减缓企业 S 的收益随 θ 增加而下降的趋势。这个结论将引出下一章关于公司同时选择产品研发和广告营销时的策略选择研究。

当今越来越多企业选择了零部件生产过程和研发过程的外包策略，人们普遍认为零部件在企业外部生产可以减少成本，除此之外，Yue(2010)、Sawik(2001)和 Yu(2009)还指出零部件外包在质量、完成期限管理、风险管理等方面的优势。这些优势促使企业选择从企业外部采购零部件。但随之而来的问题便是是否使用和供应商企业完全相同的零部件，以及在以后的研究与开发过程中，是否形成同盟一起研发产品。经过研究发现，虽然使用无差异的零部件会加剧产品在市场上的竞争，但是由于社会资源得到最大化的利用，企业收益也会在一定条件下增加。本章讨论了两个企业的总收益在各个策略下的变化，却没有讨论两个企业在社会总收益增加的时候，怎样分配收益的增加部分的讨价还价能力。本书通过具体数值分析讨论在不同的策略中各个企业收益的最终变化的情况。实践证明，企业有时仅仅依靠研发是不足以提高竞争力的，在第 6 章将对研发与广告营销策略进行详细的介绍和研究。

5.3 本章小结

本章在前一章讨论零部件供应商选择的基础上讨论了企业如何巩固和提高自身竞争力，研究了两条供应链之间的竞争，这两条供应链之间相互交叉、相互作用，在供应链中竞争对手有可能成为自己的供应商。在前一章研究供应商选择的基础上，讨论了企业在巩固自己的市场地位的同时，做出的关于研发过程外包的策略选择。从介绍企业提高自身竞争力的方法入手，阐述了在市场竞争异常激烈的今天，企业要确保自身的市场地位不被动摇，就要不断地进行产品的创新和研发，在企业进行产品研发的时候，要根据自身特点、资金与人力基础，制定出适当的研发策略。在进行产品更新、产品技术提高和创新产品时，企业要付出的努力程度是不相同的。企业要量力而行，不切实际的创新往往会导致入不敷出，使得企业的可流动资金紧缺,从而引起企业运转不良。单个企业的力量往往是有限的,供应链合作联盟的建立在一定程度上可以为企业提供强有力的支持。在供应链合作联盟产生的初期,由于社会制度和法律的不健全,企业往往因为害怕自己的技术或者专利被侵害,而将产品的研发过程紧紧地握在自己的手中。随着专利法和知识产权法的不断完善,企业渐渐地将相关的产品研发工序交给有一定能力的供应商来完成。这使得企业在选择零部件供应商的时候,不仅要考虑供应商的生产能力,还要考虑供应商的创新能力。通过研究发现,企业将零部件生产外包给竞争对手,可以有效地减少企业之间的竞争;而企业将零部件研发外包给竞争对手,则会增加产品之间的可替代性,从而增加产品之间的竞争。当企业将零部件生产外包给供应商,而自己进行产品研发时,往往要付出更多的代价。企业在实际操作的时候,要建立合适的合作机制,通过合作使得企业和供应商、竞争企业之间都实现双赢,只有这样才能更好地促进产品的研发,确保企业的市场竞争力。

第6章　供应链运营中企业提高市场竞争力策略博弈分析

随着经济的全球化，企业之间的竞争已经跨越了国家的界限。企业只有拥有强大的竞争力，才能在当今竞争激烈的市场中乘风破浪不断向前。国家竞争力为企业竞争力提供了基础，产业竞争力为企业竞争力提供了环境，企业自己可以掌握的便是微观方面的企业竞争力。企业要从实际做起、从自己的经营做起，从微观方面提高自己的企业竞争力。

当前，我国企业与国际企业相比，虽然已经在很多领域和方面取得了巨大的进步，但是在规模、技术、资金等方面仍然存在差距。第一，从企业现有的规模来看，我国的大型企业是在中华人民共和国成立初期建立起来的，有一定的时代特色和时代使命，多以重工业为主。但是随着时代的发展，由于原材料工业、制造业等技术的落后，很多企业已经无法适应时代的要求，面临着倒闭和重组。而我国的私人企业又多半由家庭作坊发展而来，在技术、管理和资金方面都存在不足。我国企业在世界制造业企业中排名前列的很少，更加无法与世界先进水平的大企业相抗衡。第二，在科技发展方面，虽然我国近年来科技不断发展，在很多领域都取得了骄人的成绩，但是和发达国家相比，科研投入仍然不足。国外的大型企业都有自己的研发管理机构和科研机构，且每年对其投入巨量的资金，来保证自己的企业在科技方面远远超过其他的企业，从而巩固自己的核心竞争力。另外，我国的技术与知识保护制度也不完善。我国专利法的制定和出台远远落后于其他西方国家，且人们对科技成果的保护观念也较为淡薄。第三，我国自主产业薄弱。我国的大型企业中拥有自己研发专利和研发机构的企业占比不高,而发达国家的企业则是非常注重企业产品和技术的研发,它们时刻与大学和科研机构紧密联系,自主产业的创造和更新速度都远远超过我国企业。第四,在企业盈利能力方面,我国企业也远远落后于一些国际型的大企业。我国主要是靠着人力和物力的投入来换取收入,而西方发达国家的企业多是依靠高科技来获取利益。

6.1 企业市场竞争力

我国企业虽然在经济改革开放以后取得了巨大的进步,但是在巩固和提高竞争力方面还存在不足。下面将对影响竞争力的因素和提高竞争力的方法进行深入的讨论,探讨提高企业竞争力的方法,从而得出企业的市场竞争力模型。

6.1.1 影响企业市场竞争力的因素

企业市场竞争力的决定因素可以分为外部因素和内部因素。其中外部因素往往是自己无法控制的,如政府因素、社会因素、自然因素等,这些都是宏观层面上的,是企业以自己的力量无法改变的。内部因素则是企业通过自身的努力可以改变和提高的,主要包括管理运营、市场营销、企业文化、人才质量等。

首先,产品自身的因素很重要,产品和服务的质量在很大程度上会影响企业的竞争力。物美价廉的产品和服务是占领市场与赢得消费者的关键。在可替代产品的竞争中,如果企业的产品质量较高,则企业的市场竞争能力就较强,促使更多的顾客购买其产品,使其拥有更多的市场份额。当今市场发展迅速,如果产品没有自己的品牌效应,就很可能被其他产品所取代。我国企业要快速提高产品的质量,特别是高科技产品的制造技术,如汽车、电脑、手机等,使其产品在国际市场上的占有率增加,使企业拥有更强的竞争力。

其次,优秀的市场营销能力可以帮助企业的产品占领更加广阔的市场。好的产品需要好的营销手段,这样才能更快地被市场和消费者所接受。随着市场经济的发展，市场营销越来越受到企业和消费者重视。很多企业每年都会投入大量的资金来做市场营销的工作，不仅聘请专人，还会建立关于市场营销的专项基金。市场营销是企业将产品的使用价值转变为货币价值的重要环节，良好的营销活动会开拓和巩固市场，实现资金的正常运转和回流，从而使企业有能力再扩大和再生产，形成一个良性的循环。相反，如果企业没有良好的营销能力，产品就无法快速进入市场，造成产品堆积，占有大量的物力和资金，企业就无法再生产。良好的市场营销能力还体现为企业的管理者对市场的变化的感悟性和警觉性，要有敏锐的市场洞察力，能够很好地把握市场发展方向。

再次，品牌是近年来被企业推崇的新概念。品牌建立是把商品抽象化，将商品的生产和销售升华到一定的高度。品牌是无形的，是除了产品的性能、价格、用途之外，可以影响到产品竞争力的又一个因素。品牌作为一种无形的资产，越来越被大型企业所推崇。企业纷纷建立自己的品牌和形象，以期更好地占领市场。

最后，资源整合和技术创新是企业适应新时代发展的产物。资源是企业发展的根本，没有充足的资源，企业就无法正常运行。资源的整合是指将有限的资源合理地集中在一起，发挥其最大的优势。使得人力和物力资源循环起来，而不是停滞不前。整合观点的提出使得企业可以依靠现有资源借助外部资源来实现企业的发展。技术创新可以使得企业永远保持活力。在市场千变万化的情况下，产品生命周期缩短。如果一个企业缺乏核心技术能力，就永远无法成为世界一流的企业，终究会被其他企业打败。了解提高市场竞争力的因素，有利于找出帮助企业提高竞争力的方法，使企业在市场竞争中处于领先地位。

6.1.2 提高企业市场竞争力的关键

从上面的分析可以看出，企业竞争力在企业的生存过程中扮演着重要的角色，且企业竞争力被多个因素所影响。因此要充分了解影响企业竞争力的因素，从企业实际情况出发，在建立完善企业管理制度的同时，通过一些途径来提高企业的核心竞争力。

1）企业要积极开发自己的核心技术，生产具有核心竞争力的产品。一个企业想要在市场中处于领先地位，就要有自己生存和发展的基础，核心技术和产品可以使得一个企业在众多企业中脱颖而出。企业要在产品的生产过程中，时刻投入人力和物力去发展自己的核心技术，并将研究成果最先应用于自己的核心产品中，不断地提高自己产品的性能和质量等特点。提高企业的核心技术可以从以下几点着手：提高企业的研发能力，建立起适合自己企业发展的产品技术创新，根据自己企业创新体系的需要，为企业的发展配备更加优秀的科研人员，投入充足的物力和财力，使得企业资源可以顺畅地流动和共享，保证企业资源配置更加优化。企业要根据自己的情况，建立长期的发展计划，以技术创新为基础，将技术和产品密切结合，不断完善企业的科技创新机制。核心技术的拥有在很长一段时间内都被看作企业拥有竞争力最为关键的一点，在当今社会中，核心技术仍然可以使企业在自己的领域拥有绝对的优势。只是由于当今信息传播和扩展速度超乎想象，企业核心技术带来的优势地位无法长时间地保持，只能不断地更新和创新，才能具有核心竞争力。

2）企业间要更好地联合，实现优势互补，在重组和并购过程中提高企业的竞争力。随着经济全球化的发展，企业间联合、重组和并购的节奏越来越紧凑，全球化进程不断加快。通过企业间一系列行动，建立强大和稳固的企业核心竞争力，使得企业可以在市场中处于不败的地位。随着互联网技术的发展，企业也越来越重视虚拟技术和大数据的发展。通过互联网，企业建立起自己的虚拟架构，和其他企业形成动态稳固的联盟，实现数据间的收集和共享，通过对数据的分析，发现自己企业的不足，勇于创新，提高技术，从而建立企业的核心竞争力。例如，随着我国加入WTO和国际化的步伐越来越迅速，我国很多企业不再闭门造车，而是积极向国外先进企业学习，注重与国外先进企业的合作、并购与重组，不断地提高自我的核心竞争力。现在的企业越来越注重对人才的引进和培养，加大对创新部门的建设，且积极将新技术应用到生产和销售中。我国企业在向西方先进企业学习时,并不是一味地接受和效仿,而是在国外技术和水平上,积极开发我国自有的技术和成果,使企业真正拥有自己的核心竞争力。如海尔、东风汽车等企业,在引入西方先进技术和知识的同时,积极开发自主品牌。我国在改革开放之后,经济发展迅速,但我国的企业在国际上的实力和地位还有待提高。

3)核心产品是核心竞争力的本质。企业只有具备了自身独特的核心竞争产品,才能有强大的核心竞争力。核心竞争力可以看作一种商品化的核心知识体系。它是指企业拥有其他企业所无法取代的核心技术,将此核心技术应用到产品上,就能够得到核心产品。核心竞争力是一种文化体系,因此要将核心竞争力的思想融入企业的管理体系中,与企业的组织和整体文化融为一体。建立一个有益于开发企业核心产品、有利于提高职工核心知识水平、有利于核心技术发展的环境和平台。首先,这个平台要充满动力和活力,它可以促使企业员工勇于创新和相互学习。这是一个复杂而有序的网络结构,每个节点上的员工都具有重要的作用并拥有积极的相互协作能力。其次,要为平台的顺利运行提供一个良好的管理机制,鼓励员工的创新,鼓励员工建立核心竞争力的企业理论,鼓励员工更加积极主动地为企业的发展而服务。另外,企业还需要形成一个以市场为导向、以顾客价值追求为中心的企业文化氛围。最后,企业中管理人员以及员工之间都要相互信任和相互依靠,从而形成既开放又相互信任的合作环境。且研发核心产品的团队应该具有相关的团队合作精神,从而在研发和实施过程中,缩短产品的研发周期。拥有核心产品不代表企业会永远立于不败之地,在当今信息和技术高度共享的情况下,核心产品很容易被别的企业学习和模仿。因此核心产品也需要不断地更新换代,不断地自我发展。

4)建立信息化系统,大力引进科学的信息管理系统。在当今信息大爆炸的时代,信息化的快速发展给企业带来生机的同时,也使得企业的压力越来越大。信息化彻底颠覆了以前企业间旧的竞争方式,将一股新的活力注入企业发展过程中。它使得企业能更近距离地接近消费者和消费市场,由以往的企业主导竞争变成了市场和消费者主导竞争,由以往产品和服务的成本与质量的有形竞争转变为争取消费者购买观念的虚拟竞争。企业通过信息可以更好地了解消费者的喜好，消费者通过信息可以更加坚定自己对商品的选择。当前，越来越多的产业都选择了信息化生产，企业信息化是一场革命性的改革，为了真正地配合技术改革，要对组织机构与管理机构进行有计划的调整和分工。在当今信息化快速发展的市场竞争中，企业必须找到信息收集和应用的切入点，充分应用信息化的成果，对市场的变化有一个高度的把握，改善企业的管理和经营，更好地为企业运用信息化建立核心服务竞争力。信息化是一把双刃剑，它在促进企业快速发展的同时，也在一定程度上使得企业商业机密公开化。但信息化历史发展的大势所趋，谁也不能阻碍它的发展。企业在当今信息化的浪潮中，要学会利用信息化带来的优势和机遇，合理地应用大数据带来的大量信息和知识，使得企业可以在信息化的浪潮中不断向前发展。

6.1.3 提高企业市场竞争力的方法

在市场中，企业间的竞争实力表现为产品和服务间的竞争。在现有市场中，企业提高自身竞争力的方法主要是依靠对产品的研发和营销广告。在 5.1 节中已对产品研发有所介绍，本节则侧重于介绍营销广告。企业可以通过广告，树立自己的品牌形象，将产品的附加价值通过广告渗入消费者的消费观念中，稳固消费者的品牌忠诚度，从而在市场中占有更多的消费群体。随着市场越来越广阔，企业渐渐意识到了产品销售的重要性。在拥有优秀的产品同时，企业还应该制定良好的销售政策为产品服务。在市场销售方面，广告营销是重要的手段。广告不仅仅指商品的推广销售，还包括某种服务的介绍或者某种理念的宣传，随着广告观念的深入人心，各个企业在广告宣传上的投入不断增加。广告的主要作用主要有以下几点：随着传媒和互联网的发展，广告可以使产品更快更好地被人们所熟悉，广告所带来的信息也可以更加广泛地被人们所接受；广告通过对消费者的心理和行为的研究，可以激发和诱导消费者，在宣传中建立潜在的消费群体；广告可以较好地将产品的知识、信息传递给消费者，使其更加全面地了解和掌握产品的特点；广告能促进新产品和新技术发展，使得新产品、新技术能够迅速地在市场上站稳脚跟，获得成功；广告还是一种含有美感和艺术气息的宣传手段，可以为人们的生活增加乐趣。

但是并不是所有的广告都可以称为优秀广告，一个优秀的广告要做到以下几点：第一，在众多的广告中，成功的广告要有能博得注意的地方。以情动人往往是很多广告的主要表现方式。在一些生活用品的广告中，往往会看到企业广告以爱情和亲情为切入点，树立起产品时刻呵护爱人和家的观念。第二，注重广告的时效性，抓住重要时机和事件。企业产品的广告往往是多变的，当有重要事情发生时，广告的内容也会随之而改变，从而通过当时最热门的话题引起人们的注意，使得广告深入人心。第三，广告所反映出来的内容一定要紧扣主题，反映企业产品的特点和优势，而不是让人们无法理解。虽然一定的朦胧感可以调动人们的好奇心，但是如果广告始终没有使人们明白其真正的含义，就无法达到它最初的目的，无法向人们很好地介绍产品。

通过上面的分析可以看出，研发和广告是当今企业提高自身竞争力、占领市场的重要手段。下面通过对不同条件下、不同竞争企业之间的策略选择研究，讨论企业在面对竞争对手的研发或者广告时，应采取怎样的策略。另外，还考虑了更加复杂的情况，例如供应商是竞争企业的时候、供应商可以独立研发的时候、市场情况不确定的时候，这些情况都为企业做出正确的策略选择增加了难度。

6.2　企业提高竞争力的策略选择

市场中企业提高竞争力的方式很多，由于市场中竞争企业的存在，企业的行为和决策会受到其他企业的影响。当竞争企业同时面对提高企业竞争力的难题时，怎样选择适合自己的策略，就成了企业能否成功的关键。在5.2节中提到，企业在零部件供应环节和研发过程中的合作，往往会造成产品相似度增加，从而无形中增加了企业在市场中的竞争。企业一定会寻找其他方式来提高企业的竞争力，本节将讨论企业 G 和企业 S 在产品研发和产品广告宣传方面的选择和竞争。

6.2.1 研发与广告策略描述

当企业通过研发来提高自己竞争力的时候，将会面对很多选择，如企业是将研发过程外包给供应商还是留待自己研发。当供应商是企业的竞争对手，这使得企业在面对选择的时候要考虑更多的因素。本节将考虑相互竞争的企业在通过选择不同方式来提高自身市场竞争力时，所做出的最终决策。研发和广告营销是当今企业在竞争过程中经常用来占领市场、吸引消费者的形式，但是研发和广告在本质上是有区别的。研发的结果有可能会改变产品的特性，从而改变整条生产线，企业往往要投入大量的资金。广告则是市场营销的一种方式，它不会改变原有的产品特性，而是将产品的特性与优点尽可能地展现在消费者的面前，通过视觉或者听觉效应，使得消费者对产品产生兴趣，进而接受产品。但是广告如果不能正确地阐释所想表达的思想，有可能会起到相反的作用。因此，企业在面对研发和广告选择的时候，要从自身的特点出发，不仅要考虑产品的性质，还要考虑自身的财力和物力。在下面的叙述中，研究了相互竞争的企业在面对研发和广告两种提高自身竞争力途径的时候，不仅要考虑自身的特点去选择合适的途径，还要去考虑对手的选择，从而使企业的决策问题变得更加复杂。

当今市场上公司间的竞争越来越激烈，苹果公司和三星公司是手机市场上的领军人，它们之间有着激烈的竞争。苹果公司从第一部手机 iPhone 开始，不断地提高手机性能和用途，当 iPhone 5S 问世的时候，消费者发现 iPhone 更新的速度越来越快。三星公司为了占领手机市场，也加大了手机的研发和创新，从 Galaxy 系列手机的问世，到现在最新的 Galaxy 6 上市，可以发现苹果公司与三星公司都在不断地投入资金，研发和改进自己的产品，希望可以占领更多的手机市场。在饮料市场，可口可乐公司和百事可乐公司可谓垄断了整个可乐类饮料市场，由于它们产品的独特性和不可代替性，它们不需要对产品进行研发，可以将大量的资金投向市场营销方面。每年可口可乐公司和百事可乐公司都会推出新的广告去争取更多的消费者。经济学家德鲁克认为，企业要时刻拥有竞争力，有且只有两种方法——市场和改革。在现实中，企业也越来越多地将自己的重心放在了产品研发和广告营销上，因为研发和广告可以给它们带来产品质量提高、客户忠诚度提高、市场影响力加大等一系列的好处。Sosa(2009)提出执行研发所必需的两套功能：技术和应用。研究表明，面向技术的研发能帮助企业跨越市场，面向应用的研发能帮助企业保持领导者优势。Ofek & Sarvary (2003)分析引入先进技术的下一代产品的市场竞争，指出公司投资于下一代产品的研发可以获得行业领先地位，从而获得高利润。Dutta & Narasimhan(1999)等指出，研发可以影响消费者对产品外部性的预期，从而增加销量。Baye & Morgan(2009)对公司的品牌广告策略和价格广告策略联合建模，结果表明，品牌广告和价格广告导致交叉渠道效应，价格广告是品牌广告的替代品。这种相互作用会改变均衡的特性，在企业数量足够多时还会导致分散价格均衡。增加品牌广告能缩窄价格范围、提高价格，减小比较网站提供信息的价值。Anderson & Simester(2013)指出，标准竞争模型预测，当企业竞争者对目标客户进行广告的时候，自己的销量会降低，这在大量竞争者出售无差异产品的成熟市场中是正确的。但是大范围的随机现场试验结果与之相悖，对大量消费者而言，零售商竞争对手的广告能增加这个零售商的销量。Gardete(2013)考虑了一个企业有机会向顾客介绍产品质量的相互协商的模型，描述了在一个垂直差异化市场中广告如何同时对消费者和企业有益。研究表明，广告内容可以诱导搜索，特别是对于低质量产品的企业来说，广告可以吸引消费者，这时可以得出一个低质量企业增加预期产品质量同时宣称质量可信的半分离均衡。

本书分析了两个相互竞争的企业，有唯一的商品在市场上竞争，它们为了提高自己的竞争力，要在面对研发投资和广告宣传时做出选择。考虑了市场覆盖(可口可乐和百事可乐垄断可乐市场)和市场未被覆盖(苹果手机和三星手机没有完全占领手机市场)两种情况，讨论了在不同的市场情况下,哪一种策略选择是最优的。研究发现,即使在广告投资不需要成本的情况下,过多的广告投入也会带来企业收益的减少,使两个相互竞争的企业处于不利的局面。在市场覆盖和市场未被覆盖两种市场中,企业的最优选择并不是完全一致的,不同的情况会导致企业选择不同。

6.2.2 企业提高竞争力的策略选择模型

假设市场上有两个相互竞争的企业 G 和企业 S,它们有产品在市场上竞争。企业 G 生产商品 G,企业 S 生产商品 S。为了提高自己的市场竞争力,占有更多的市场,企业需要在改革和营销上进行投资,分别用于研发新的产品和投入广告宣传。这两种手段都会增加消费者的消费效用,从而为企业带来更多的产品销量。应用 Hotelling(1929)模型来表示消费者的效益和市场的需求,假设企业 G 和企业 S 的市场距离为 M,当 M 很小的时候,表示两家企业生产相似的产品且竞争激烈。考虑两种市场规模的弹性情况:第一,市场被覆盖,即消费者都将购买产品 G 或者产品 S,见图 6.1。第二,市场未被覆盖,即有一些消费者没有购买产品 G 或者产品 S,见图 6.2。

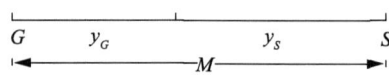

图 6.1 市场被覆盖

其中,y_i 表示消费者在两家企业中购买产品 i 的偏好距离,$i \in (G, S)$。此时,产品的销售量为 $q_i = y_i$。

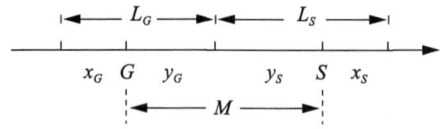

图 6.2 市场未被覆盖

其中，x_i 表示消费者购买产品时在两个企业之外的偏好距离，$i \in (G, S)$。此时，产品的销售量为 $q_i = L_i = x_i + y_i$。

假设消费者购买产品的保留价格为 R，每一单位距离的运输成本为 t，消费者购买商品 i 的价格为 p_i，$i \in (G, S)$，为了方便计算，引用 Xu et al. (2010) 中的假设 $t=1$，则一个消费者以价格 p_i 从距离 d 的地方购买产品时的效用为：

$$U_i(d) = R - d_i - p_i \tag{6.1}$$

接下来考虑当企业 i 进行研发投资或广告宣传的时候，对消费者效用产生的影响。当企业 i 进行研发投资时，若其投资成本为 $\dfrac{e_i^2}{2}$，将会给消费者的效用带来 e_i 的增加，$i \in (G, S)$，则此时消费者的效用为：

$$U_i(d) = R - d_i - p_i + e_i \tag{6.2}$$

当企业 i 进行广告宣传时，将会给消费者的效用带来 θN_i 的增加。其中 N_i 是从企业 i 购买产品的消费者的数量，$i \in (G, S)$；θ 是广告影响参数。则此时消费者的效用为：

$$U_i(d) = R - d_i - p_i + \theta N_i \tag{6.3}$$

对于企业 i，$i \in (G, S)$，当进行研发投资时，其收益函数为 $\pi_i = p_i q_i - \dfrac{e_i^2}{2}$；当进行广告宣传时，其收益函数为 $\pi_i = p_i q_i - F$。假设由于资源和企业能力的有限，企业 i 只能选择一种投资方式，而不能两者同时进行。进一步假设 $F=0$，即做广告不用投入额外的成本，这主要出于以下两点原因：其一，在现实生活中广告已经成为市场营销策略中最重要的手段。因此每个企业在市场支出中有一部分固定的广告费用。其二，本书所说的广告宣传是指通过广告向消费者灌输同一个企业的相同产品之间联合性，例如索尼公司在广告中宣传 PS2 可以实现内部的联机游戏功能；三星公司在手机广告中宣传 Galaxy 4 可以实现内部信息无网络无费用的交互功能，且 Note 3 可以实现内部多机屏幕的联合同步功能。这些广告宣传是利用在市场中，一个消费者得知更多的消费者使用这一产品的时候，他将会从其购买的产品中得到更多的效用原理。

引入市场覆盖和市场未被覆盖两种情况：市场覆盖的情况，两个相互竞争的企业占领了整个市场，消费者只能从它们那里购买商品；市场未被覆盖的情况，两个相互竞争的企业没有完全占领整个市场，在它们之外还存在着别的企业，消费者可以从其他企业购买他们所需的商品。在两种市场中讨论当两个企业的产品在市场上相互竞争时，研发投资和广告宣传哪一种将是两个企业的最优策略选择。本书将分三种情况进行讨论：①在两类市场中，只有研发投资可以选择的时候；②在两类市场中，只有广告宣传可以选择的时候；③在两类市场中，必须选择研发投资或者广告宣传的时候。三种情况下，对于两个相互竞争的企业，当它们在市场中进行着商品价格竞争时，选择怎样的策略才能使其收益最优？在这里，假设两家企业在策略选择和产品价格定价时的行动都是同时的，即两个企业在市场中的力量相当，没有领导者和追随者之分。

6.2.3 不同策略的收益分析

第一种情况，当企业 i 只能通过进行研发来提高消费者效用的时候 $[i \in (G, S)]$，企业 i 有不行动或者进行研发两种策略选择，其策略决策收益如表 6.1 所示。

表 6.1 只有研发可以选择时两个企业的收益

		企业 S	
		R	0
企业 G	R	$\pi_{jG}^{RR}, \pi_{jS}^{RR}$	$\pi_{jG}^{R0}, \pi_{jS}^{R0}$
	0	$\pi_{jG}^{0R}, \pi_{jS}^{0R}$	$\pi_{jG}^{00}, \pi_{jS}^{00}$

π_{ji}^{T} 表示企业 i 在 j 情况的市场中选择策略 T 的收益，其中，$i \in (G, S)$，$j \in (F, D)$，$T \in \{(00), (R0), (0R), (RR)\}$。$F$ 表示完全覆盖市场，D 表示不完全覆盖市场；R 表示进行研发策略，0 表示公司不采取任何行动。策略 RR 表示企业 G 采取研发行为，企业 S 也采取研发行为；其他依此类推。π_{FG}^{RR} 表示在市场完全覆盖的情况下，企业 G 和企业 S 都采取

研发行为时，企业 G 的收益；其他依此类推。

通过 Hotelling 模型，可以得到在市场覆盖的情况下的市场需求函数（见附录 3），从而计算出企业 G 和企业 S 的收益情况：

$$\pi_{FG}^{RR} = M^2/2 = \pi_{FS}^{RR}$$

$$\pi_{GS}^{R0} = \frac{9M^2}{16} > \frac{49M^2}{128} = \pi_{FS}^{R0}$$

$$\pi_{FG}^{0R} = \frac{49M^2}{128} < \frac{9M^2}{16} = \pi_{FS}^{0R}$$

$$\pi_{FG}^{RR} = \frac{4M^2}{9} = \pi_{FS}^{RR}$$

同样得到在市场未被覆盖的情况下的市场需求函数（见附录 3），从而计算出企业 G 和企业 S 的收益情况：

$$\pi_{DG}^{RR} = \frac{3}{50}(M+2R)^2 = \pi_{DS}^{RR}$$

$$\pi_{DG}^{R0} = \frac{147(M+2R)^2}{716} > \frac{5043(M+2R)^2}{256328} = \pi_{DS}^{R0}$$

$$\pi_{DG}^{0R} = \frac{5043(M+2R)^2}{256328} < \frac{147(M+2R)^2}{716} = \pi_{DS}^{0R}$$

$$\pi_{DG}^{RR} = \frac{537(M+2R)^2}{5329} = \pi_{DS}^{RR}$$

对上面的结果进行分析，可以得出在市场覆盖情况下和市场未被覆盖情况下，企业的最优策略选择。

策略 A：假设企业 G 和企业 S 只有研发行为或者不行动两种策略可以选择，在市场覆盖和市场未被覆盖的情况下，两个企业都选择产品研发是它们的纳什均衡解。

在市场覆盖的情况下，博弈陷入了"囚徒困境"，两个企业都选择产品研发时候的收益小于两个企业都不行动时的收益（$\pi_{Fi}^{RR} = \frac{4M^2}{9} < \frac{M^2}{2} = \pi_{Fi}^{00}$）。企业进行研发是为了增加消费者的消费效用，占领更多的消费市场，取得更大的收益。但是从计算结果可以看出，当两个企业都进行研发时，它们

会付出相同水平的努力 $e_G = e_S = \dfrac{M}{3}$，从而得到 $p_i^{RR} = p_i^{00}$，$q_i^{RR} = q_i^{00}$（见附录3）。说明两个企业进行研发的时候，消费者效用的增加并没有带来销售价格的增加和销售量的增加。而进行研发的时候，企业要付出研发努力成本 $\dfrac{e_i^2}{2}$，所以企业的总收益没有增加反而减少（$\pi_{Fi}^{RR} < \pi_{Fi}^{00}$）。试想当一个企业进行研发时，另一个企业不进行研发的情况，不进行研发的企业将失去一部分的市场占有率，使其只能降低产品的销售价格来抢占市场，它的收益就会低于进行研发企业的收益。若不希望这样的结果出现，该企业也需进行研发。在市场覆盖的情况下，虽然两个企业都进行研发所得到的收益不是它们的最优收益，但它们都采取研发策略是博弈的纳什均衡解。

在市场未被覆盖的情况下，两个企业都选择进行研发时的收益大于两个企业都不行动时的收益（$\pi_{Di}^{RR} = \dfrac{537(M+2R)^2}{5329} > \dfrac{3(M+2R)^2}{50} = \pi_{Di}^{00}$）。因为当企业进行研发时，消费者的消费效用将增加，这使得企业可以提高商品的销售价格。市场未被完全覆盖时，价格的增加不会以牺牲商品的销售量为前提，因此产品的销售量也同时增加。在这种情况下，即使企业进行研发要付出一定的研发成本，企业的最终收益仍会增加。可以理解为销售量带来的收益增幅大于研发成本导致的收益损失。因此在市场未被覆盖的情况下，两个企业都进行研发是它们博弈的纳什均衡最优解。

第二种情况，企业 i 只能通过广告影响来提高消费者效用的时候，企业 i 有不行动或者广告营销两种策略选择，其策略决策收益如表 6.2 所示。

表 6.2　只有广告可以选择时两个企业的收益

		企业 S	
		A	0
企业 G	A	π_{jG}^{AA}, π_{jS}^{AA}	π_{jG}^{A0}, π_{jS}^{A0}
	0	π_{jG}^{0A}, π_{jS}^{0A}	π_{jG}^{00}, π_{jS}^{00}

π_{ji}^{H} 表示企业 i 在 j 情况的市场中选择策略 H 的收益，其中，$H \in$

{(00)，(A0)，(0A)，(AA)}，A 表示进行广告宣传，0 表示不采取任何行动。策略 AA 表示企业 G 采取广告宣传，企业 S 也采取广告宣传；其他依此类推。

可以得到在市场覆盖的情况下市场的需求函数（见附录3），从而计算出企业 G 和企业 S 的收益情况：

$$\pi_{FG}^{00} = M^2/2 = \pi_{FS}^{00}$$

$$\pi_{FG}^{A0} = -\frac{M^2(-3+\theta)^2}{9(-2+\theta)} > -\frac{M^2(-3+2\theta)^2}{9(-2+\theta)} = \pi_{FS}^{A0}$$

$$\pi_{FG}^{0A} = -\frac{M^2(-3+2\theta)^2}{9(-2+\theta)} < -\frac{M^2(-3+\theta)^2}{9(-2+\theta)} = \pi_{FS}^{0A}$$

$$\pi_{FG}^{AA} = -\frac{M^2(-1+\theta)}{2} = \pi_{FS}^{AA}$$

同时也得到在市场未被覆盖的情况下市场的需求函数（见附录3），从而计算出企业 G 和企业 S 的收益情况：

$$\pi_{DG}^{00} = \frac{3}{50}(M+2R)^2 = \pi_{DS}^{00}$$

$$\pi_{DG}^{A0} = -\frac{(-3+2\theta)(-7+3\theta)^2(-M-2R+M\theta+R\theta)^2}{(-2+\theta)(-1+\theta)(35-35\theta+8\theta^2)^2} = \pi_{DS}^{0A}$$

$$\pi_{DG}^{0A} = \frac{(-3+\theta)(-7+4\theta)^2(-M-2R+M\theta+R\theta)^2}{(-2+\theta)(35-35\theta+8\theta^2)^2} = \pi_{DS}^{A0}$$

$$\pi_{DG}^{AA} = -\frac{3(-M-2R+M\theta)^2}{50(-1+\theta)} = \pi_{DS}^{AA}$$

对上面的结果进行分析，可以得出在市场覆盖情况下和市场未被覆盖情况下，企业的最优选择策略。

策略 B：在市场覆盖的情况下，不管其他企业是否采取广告宣传，对于每个企业来说，最优策略选择是不行动。

通过分析策略 A 可知，在市场覆盖的情况下，即使企业选择研发投资将支付一定的研发成本，两个企业的最优选择仍是进行研发投资。通常，人们会认为在采取广告宣传没有成本（$F=0$）的情况下，两个企业都选择做广告一定是它们的最优选择，因为这样可以增加消费者的效用，从而带来较高的销售量与收益。但是计算结果却恰好相反($\pi_{Fi}^{AA} < \pi_{Fi}^{00}$),两个企业都不行动才是其纳什均衡解。这是因为虽然广告可以提高消费者的消费效用,但是广告对商品销售价格的影响是不确定的。其一,广告促使价格提高,因为消费者对商品的偏好价格增加;其二,广告也会促使价格下降,因为产品自身的价值性增加,市场的需求增加。换句话说,当一个企业通过广告使其产品的自身价值提高、市场需求量增加的时候,因为市场是完全覆盖的,那么它一定会从其竞争对手那里抢夺部分的市场占有量。竞争对手企业在自己市场占有率下降的时候,更愿意通过降低价格来吸引更多的消费者。因为文中假设广告没有额外成本,企业会不断加大广告力度,竞争对手企业也会因为要挽回更多的消费者而不断降低价格,导致以价格为基础的竞争越来越激烈,从而使双方企业的收益都减少。当两家企业都采取广告策略时,它们的广告带来的影响是相互的,企业会有更强的动力通过不断地降低商品的销售价格来抢夺市场占有率,最终使企业的收益小于其他三种策略下的收益。从计算结果可以看出四种策略下企业 G 和企业 S 收益的大小排序为 $\pi_{FG}^{AA} < \pi_{FG}^{0A} < \pi_{FG}^{A0} < \pi_{FG}^{00}$ 和 $\pi_{FS}^{AA} < \pi_{FS}^{0A} < \pi_{FS}^{A0} < \pi_{FS}^{00}$。

市场完全覆盖是策略 B 中非常重要的条件,它使当企业做广告时增加的市场需求量只能从其竞争对手处取得,而不是来自市场之外。这样竞争企业才会采取回应措施降低商品的销售价格。下面将讨论市场未被覆盖的情况下,广告宣传对企业收益的影响。

在市场未被覆盖的情况下,企业 i 的市场需求量和市场占有率是不同的。通过计算可以得到企业 i 关于参数 θ 和 R 的最优策略,如图 6.3 所示。

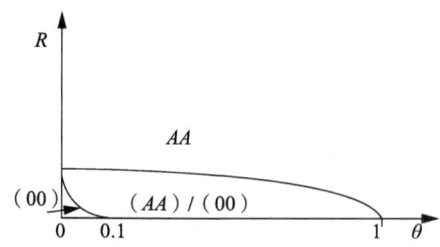

图 6.3 市场未被覆盖时的企业最优策略分布

从图中可以看出，当消费者的保留价格 R 和广告影响参数 θ 都很小的时候，两个企业同时不采取行动是唯一纳什均衡解。当消费者的保留价格足够大的时候，两个企业都进行广告宣传是唯一纳什均衡解。通过上面的分析得到策略 C。

策略 C：在市场未被覆盖的情况下，消费者的保留价格 R 足够大时，两个企业都会选择广告行为，广告影响参数 θ 对策略选择不起作用。

在前面的分析中发现当两个企业都做广告宣传的时候，由于竞争激烈和消费市场完全覆盖，使得商品的价格减少，市场对两种商品各自的需求量不变，导致两个企业收益减少。而在市场未被覆盖的情况下，当两个企业都选择广告宣传时，商品价格 p_i，$[i \in (G, S)]$ 和商品需求量 q_i 关于参数 R 和 θ 的变化趋势为：$\frac{\partial p_i}{R} > 0$，$\frac{\partial p_i}{\theta} < 0$，$\frac{\partial q_i}{R} > 0$ 和 $\frac{\partial q_i}{\theta} > 0$（见附录3）。从上面的结果可以看出，随着参数 R 和 θ 增加，商品市场需求量一定会增大；而价格则随着消费者保留价格 R 的增加而增加，随着广告影响参数 θ 的增加而减少。当消费者对某种商品的保留价格 R 足够大的时候，无论 θ 在 0 到 1 上怎样取值，它所带来的销售价格减少幅度都远远小于保留价格 R 带来的销售价格的增加幅度，这个时候销售价格仍呈增加趋势。因此当消费者的保留价格 R 足够大的时候，两个企业都会选择广告宣传，销售价格增加，商品市场需求也增加，最终使企业收益增加。需要注意的是这种情况只有在市场未被完全覆盖的情况下才会发生，因为广告带来的市场需求的增加是来自两个企业的外部市场，而不是通过抢夺竞争对手的市场占有率实现的。

第三种情况，企业 i 必须选择一种行动来提高消费者效用的时候，企业 i 有研发投资或者广告宣传两种策略选择，其策略决策收益如表 6.3 所示。

表 6.3 必须选择一种行动时两个企业的收益

		企业 S	
		A	R
企业 G	A	π_{jG}^{AA}，π_{jS}^{AA}	π_{jG}^{AR}，π_{jS}^{AR}
	R	π_{jG}^{RA}，π_{jS}^{RA}	π_{jG}^{RR}，π_{jS}^{RR}

π_{ji}^K 表示企业 i 在 j 情况的市场中选择策略 K 的收益,其中,$K \in \{(AA),(AR),(RA),(RR)\}$,$A$ 表示进行广告宣传,R 表示投资研发。策略 AR 表示企业 G 采取广告宣传,企业 S 采取投资研发;其他依此类推。

因为当两个企业选择纯策略 AA 和 RR 时,它们的相关收益已在前面给出,所以下面只列出一个企业进行研发投资,另一个企业进行广告宣传的收益情况。在两种情况下市场的需求函数见附录3。

当市场是完全覆盖的时候:

$$\pi_{FG}^{AR} = -\frac{M^2(-2+\theta)(-7+3\theta)^2}{(-16+9\theta)^2} = \pi_{FS}^{RA}$$

$$\pi_{FG}^{RA} = -\frac{M^2(-3+2\theta)^2}{-16+9\theta} = \pi_{FS}^{AR}$$

当市场是未完全覆盖的时候:

$$\pi_{DG}^{AR} = -\frac{(-2+\theta)(-3+2\theta)(-M-2R+M\theta+R\theta)^2(41-37\theta+8\theta^2)^2}{(-1+\theta)(716-1363\theta+951\theta^2-288\theta^3+32\theta^4)^2} = \pi_{DS}^{RA}$$

$$\pi_{DG}^{RA} = \frac{(-3+\theta)(-7+4\theta)^2(-M-2R+M\theta+R\theta)^2}{(-1+\theta)(716-1363\theta+951\theta^2-288\theta^3+32\theta^4)} = \pi_{DS}^{AR}$$

对上面的结果进行分析,可以得到策略 D。

策略 D:当企业必须采取措施增加自身竞争力的时候,无论是在市场完全覆盖还是在市场未完全覆盖的情况下,两个企业都不会同时选择广告宣传策略。

在市场覆盖的情况下,对各种策略下的企业收益进行比较和分析,得到策略 RR 是两个企业的唯一纳什均衡解。在前面已对策略 RR 和策略 AA 讨论过,了解到在市场覆盖的情况下,当企业只能选择广告宣传或者是不采取措施的时候,策略 AA 不会是两个企业的纳什均衡解。通过对策略 RR 和策略 AA 进行比较可知,在两种策略下,两个企业的市场占有率不发生改变,但是策略 RR 下的产品销售价格高于策略 AA 下的产品销售价格,因此策略 RR 优于策略 AA。下面将对策略 AA 与策略 RA、策略 AR 进行讨论,其中策略 RA 和策略 AR 是相互对应的,为了简化本书只讨论策略 AR。在策略 AR 中,当一个企业选择广告,另一个企业选择研发的时候,它们产品价值都会增加。因为进行广告宣传的企业不会付出额外的成本，于是它会不断地加大广告投入力度，来增加产品的价值，从而抢夺更多的销售市场。由于市场是完全覆盖的，那么它增加的市场一定来自竞争对手的市场份额。这时竞争对手为了保住自己所占领的市场，一定也会加大研发投资，从而加剧市场竞争，使得商品的销售价格下降。但是这样的竞争不会像策略 AA 中的竞争一样一直加剧下去，因为研发投资是有成本的。选择研发投资的企业一定会在加大研发投资来占领市场的同时，考虑到自己的投资成本。因此投资成本在一定程度上抑制了竞争的加剧，这比策略 AA 更加有利于两个企业的收益，可知策略 AR 优于策略 AA。所以在市场完全覆盖的情况下，两个企业不会同时选择广告行为。

在市场未被完全覆盖的情况下，两个企业关于参数 θ 和 R 的最优策略见图 6.4。

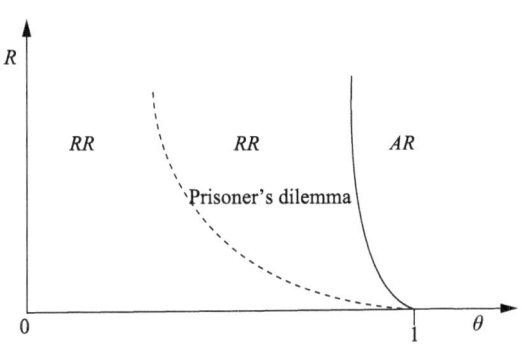

图 6.4 市场未被覆盖时的纳什均衡策略分布

可以看出，当 θ 接近于 1 的时候，策略 AR（或策略 RA）是两个企业的纳什均衡解。因为在市场未被覆盖的情况下，当企业采取广告宣传时，其带来的市场需求的增加可以来自两个企业所占领市场以外的市场，而不再以牺牲销售价格为代价。市场需求和销售价格都有可能增加，这和广告的影响参数有关。从图 6.4 可以看出，无论参数 θ 和 R 如何变化，策略 AA 都不会是两个企业的纳什均衡解。因为当两个企业同时进行广告的时候，它们的广告影响参数 θ 是一致的，为了得到更多的利益，它们会在市场需求增加的同时，降低价格去占领更多的市场，这样会加剧产品在市场上的竞争，使得企业收益减少。在策略 RR 中，它们研发行为所带来的变化参数 e_i 和各自的研发成本有关；在策略 AR 中，广告的影响参数 θ 和研发变化参数 e_i 是不相等的。因此随着参数 θ 和 R 的变化，策略 RR 和策略 AR 会在一定的取值范围内成为两个企业竞争的纳什均衡解。因此在市场未被完全覆盖的时候，两个企业不可能在策略 AA 达到纳什均衡。

本节建立模型研究了企业选择何种策略增加自己的竞争力，不同的策略选择将会影响相互竞争的企业在价格策略上的选择。同时分市场覆盖与市场未被覆盖两种情况进行了分析。经过研究发现，两个相互竞争的企业往往会采取相同的行动，即要么什么都不做，要么同时进行研发投资或广告宣传，以提高消费者的消费效用，从而占领更多的市场。无论是在市场覆盖还是市场未被覆盖的情况下，一个企业采取行动提高产品价值，另一个企业不行动这种策略，一定不会是两个相互竞争企业的纳什均衡策略。为了计算简便，本书认为广告中插入对于产品网络外部性的宣传不会产生额外的成本。既然广告宣传可以增加消费者消费产品的效用，那么是否广告越多越好？研究发现，在市场覆盖且只有广告可以选择的情况下，两个企业不会选择都去做广告，因为广告会增加产品在市场上的竞争，从而使得两个企业的收益都减少。当两个竞争的企业由于经济和科技的发展，不得不采取措施去提高自身竞争力，在研发投资和市场营销两个策略中必选其一的时候，两个企业不会同时进行广告营销，无论市场是全覆盖还是未被全覆盖的情况。

研究发现：在广告中插入产品网络外部性宣传不会使广告成本发生变化；竞争企业在面对选择时只有两种选择；企业只会相互竞争，而不会相互合作。希望本研究可以对相互竞争的企业如何提高市场竞争力起到一定的借鉴作用。

6.3 本章小结

本章讨论了竞争企业对提高企业竞争力方法的不同选择，将市场分为完全市场和非完全市场进行分析，引入了 Hotelling 模型，通过企业市场占有率来分析企业的最优策略。由于竞争企业处于博弈矩阵之中，企业在考虑自身选择策略的时候，同样要考虑竞争对手的策略。文中通过分析市场和企业的特点，建立了在不同市场情况下的三组模型，分别讨论企业在不同类型的市场下，做出不同选择时得到结果。研究发现，企业盲目地进行产品研发和广告营销时，会使企业间的竞争陷入恶性循环，企业无限制的投入不会给企业带来更多的利润，反而使得企业的收益明显下降。且在竞争企业采取策略的时候，企业不会视而不见，而会采取相应的措施去提高企业的竞争力。本章讨论了企业巩固自身产品竞争力的方法和策略，从两个不同的视角出发，分析了竞争企业在市场中的策略选择问题。提出了竞争企业之间的策略选择要在考虑自身的利益之外，再考虑竞争对手的选择。在竞争中，企业要充分发挥自己的优势，在竞争中争取最大的利益；而在合作中，要充分利企业之间的合作关系，实现双赢。

第7章　供应链运营中企业信息共享策略博弈分析

接6.1节中提到信息化建设对于企业在供应链运营过程中的重要作用，本章将在企业产品和服务的基础上，探讨企业在建立信息化过程中的信息共享与信息泄露问题。

7.1　信息共享体系中信息泄露问题

随着经济的快速发展，消费者的需求呈现出多样化和多变化的趋势，单个企业的生产已经很难快速地满足消费者的需要，无法适应市场的变化。市场上的竞争不再是个别企业间的竞争，而是整条供应链之间的较量。市场中的企业在供应链运行过程中有着竞争与合作双重关系，因此它们之间部分信息是共享的。但是为了保证自己在市场中的优势，它们对信息的保密工作也很重视。在交易过程中，企业和供应商之间会有信息交换，这可能会出现信息泄露，给企业的利益带来负面影响。企业在面对信息泄露的时候要采取相应的补救措施，努力使损失最小化，从而使自己在市场竞争中更好地发展。

7.1.1　信息共享特点

供应链是集生产、物流、金融和信息等一系列资源为一体的体系，在科技和互联网高速发展的当今社会，信息资源的作用越来越明显。从收集顾客的消费信息、市场需求信息，一直到生产技术信息、销售信息等，人类生活在一个充满数据的社会中。如果供应链中的企业间没有数据交换，就不是真正意义上的供应链联盟，而只是简单将几个企业摆放在一起。因此，信息共享在供应链联盟的形成与管理过程中起着至关重要的作用，供应链协调发展建立在信息共享的基础上，供应链中因为信息不足而带来的生产不足或者生产过剩的现象将因为信息共享体系的建立而得到改善，信息共享已经成为供应链中企业和合作伙伴建立密切合作的桥梁与平台。

学者们按照理论基础将企业间共享的信息分为以下几类：①库存信息。共享库存信息是信息共享中重要的一步，通过获取供应链的库存信息可以降低整个供应链的库存水平。库存过多不仅会占有企业过多的空间资源，还会占用企业的资金，不利于企业对消费者的信息和新技术的更新做出快速的反应。②营销信息。企业在销售商品的过程中，对信息收集和分析，对销售趋势、顾客偏好和顾客分布等信息进行总结。可以根据信息对市场的差异和变化做出反应，制定出最适合消费者的营销手段，最大限度地满足不同地域、不同客户群的需要。③订单信息。下游公司的生产是按照上游公司的订单来执行的，但是有时候下游公司很难准确地掌握上游公司的订单，或者是上游公司的订单有一定的延迟，对下游公司造成损失。下游公司往往会因为过多备料，而使资金周转困难。④生产信息。包括生产线数量、产量信息，也包括产品质量、技术等一系列的信息。将生产信息共享，可以避免供应链中企业盲目和落后的生产。当今社会，技术更新的速度令人惊叹，如果不能及时地更新自己的生产信息，就会被别的企业超越。生产信息共享是降低供应链生产与运作成本、消除供应链上各个企业盲目生产的保障。此外，还有物流信息、人力资源信息、产品信息等。

从上面的分析可以看出，供应链的信息共享是指企业间各个方面的信息共享，其内容丰富且形式复杂。在下面的研究中，针对其中的一种信息——需求信息的共享机制，来讨论企业间的竞争与合作。

7.1.2 信息泄露特点

在供应链联盟的建立过程中，参与信息共享的企业一方面将各自的信息与其他企业一起分享，另一方面也利用这些信息最大化自己的收益。零售商往往将市场的需求信息和自己的供应商共享，而供应商在制定自己的生产计划时，产品的产量、质量等一些决策数据会反映出零售商的私人信息。这些信息并不是由零售商直接公布于市场之中，而是通过供应商间接反映出来。因此，供应链信息泄露就是指供应链信息传递的过程中，信息发送方的信息传递到了非预期接收方的过程。

信息泄露具有如下的特点：①供应链的信息泄露发生在信息传递的过程中，不仅在信息共享的过程中会出现信息泄露，在上下级的参与者活动中，也伴随着信息泄露。下游参与者向上游参与者反映自己对市场的预测信息，使得上游参与者在不调查市场的情况下，仍然可以掌握市场的信息，即使这些信息具有一定的不确定性和不完全性。②供应链中参与者对泄露信息有主动接收和非主动接收两种方式。有些参与者一开始就希望可以获得竞争对手或者市场的信息，它们对信息的接收是积极而主动的，它们会通过给予对方一些承诺或者优惠政策来获取信息；还有的信息接收方没有主动采取任何措施去获取信息，而是通过商业行为无意中获取信息。③信息泄露中所提到的信息接收企业不包括一开始信息传送的目的企业。信息被目的企业接收称为信息共享。④在信息共享和信息泄露过程中，供应链不再是单一的线性结构，而是一个复杂的网状结构。随着越来越多的企业加入供应链联盟和企业间的合作越来越密切，供应链中节点上企业间都有可能发生信息泄露的情况。

供应链信息泄露可以分为非策略性信息泄露和策略性信息泄露。其中非策略性信息泄露是指在信息共享过程中，参与信息共享的企业无意中将其他成员的决策或者一些未知的私人信息泄露给了信息共享的企业。策略性信息泄露是指信息共享企业有意地将共享的信息泄露给第三方公司，从中牟取私利。在实际的信息共享过程中，信息的非策略性泄露往往是不经意的，是通过共享信息将有意义的信息泄露给了其他企业。按照信息泄露方的角色可以分为以下几类：①第三方企业泄露信息，第三方的信息不仅来源于信息收集公司，还来源于第三方的外包加工企业以及咨询公司等。当今经济快速发展，技术不断更新，越来越多的企业选择将自己生产商品所需要的零部件外包给第三方制造商。在外包过程中，上游或者下游企业往往在订货过程中，将商品信息和市场信息与第三方制造商共享。而和第三方制造商有商业往来的还有其他生产企业，在订货或者生产的过程中，往往会通过和第三方制造商的交流，无意中得到其他企业的信息和市场的信息。②上游供应商泄露信息，是指作为下游企业的销售商往往最了解市场的信息，在和上游供应商合作的时候，往往将市场的需求信息和供应商共享，而供应商为获取利益，会把这些信息泄露给其他的企业。③除此之外还有下游企业泄露、信息系统管理体系泄露等。

在供应链的运营过程中，信息泄露看起来是一个简单的现象，但是能引起此现象的原因却有很多，如保密协议不完善、保密技术不过硬、企业间的合作不稳定等。努力避免信息泄露的发生，就要看到现象发生的真正原因，在信息泄露的初期进行防范，保证供应链顺利运行。

7.1.3 市场中信息泄露问题及描述

随着市场经济的迅速发展，全球化的竞争与合作关系愈演愈烈，使得供应链企业面临大量的不确定性问题，信息技术的运用能够促进供应链企业间的信息共享，从而在一定程度上减少不确定性问题的发生，并最终使企业获利。例如，Wal-Mart（沃尔玛）、P&G（宝洁）、HP（惠普）等知名企业利用 CPFR（协同规划、预测与补货）技术进行信息共享。然而，在供应链参与者进行信息共享的过程中，往往伴随着信息泄露，例如，某零售商拥有需求信息，这个零售商有可能将这个信息与其供应商进行分享，但供应商却将这个需求信息泄露给与这个零售商存在竞争关系的其他零售商，原因是供应商可以更好地安排生产能力、确定库存水平等。

信息泄露在一定程度上削弱了供应链参与者之间达成信息共享机制的积极性，有时甚至会造成整条供应链的断裂。在现有的研究文献中，Cachon & Larivierer(2001)研究了使垂直信息共享具有可信性的激励机制问题，考虑一个具有私有需求信息的生产商该如何设定契约与其供应商进行合作。结果表明，生产商在高、低两种需求状态下应给上游的供应商提供不同的契约以实现分离均衡。Ha & Tong(2008)对两条竞争性供应链中的垂直信息共享问题进行了研究，强调了契约类型对于信息共享的重要性。在此基础上，Ha et al.(2011)分别针对 Cournot 和 Bertrand 两种不同竞争模式下的信息共享问题进行分析。结果表明，在两条竞争性供应链中，零售商与生产商共享需求信息在两种竞争模式下均能使供应链受益。Shamir(2012)研究了由一个生产商和 n 个进行价格竞争的零售商组成的两阶段供应链，每个零售商都能获得潜在市场的需求信息。结果表明，在没有达成信息共享机制的情况下，无信息共享是唯一均衡。为了克服解决这个问题，文章对两阶段的信息博弈进行了分析，认为在某些条件下，与生产商共享信息可以使零售商获得更高的利润。需要注意的是，这些文章均没有考虑信息泄露的情况。Gal–Or et al.(2008)研究了当生产商和两个零售商均拥有部分市场信息时，生产商该如何共享信息并决定批发价格，其中，零售商可以从生产商制定的批发价格中推断出各供应链主体所获取的信息情况，并据此制定自己的批发价格。结果表明，由于存在推断因素对于价格扭曲的影响，垂直信息共享能够使生产商获益。Li & Zhang(2008)从信息是否具有机密性的角度分析了信息泄露对于零售商共享信息以及生产商制定批发价格的影响，与 Gal–Or et al.(2008)类似的是，通过观察生产商所制定的价格，零售商会将共享给生产商的信息泄露给另外一部分零售商。结果表明，在存在机密性的条件下，所有的零售商如实地将信息共享给生产商将会使整个供应链的利润最大化。Anand & Goyal(2009)分析了批发价合同下的信息泄露问题。研究表明，在该契约下供应商总是将先进入市场的零售商的订货信息泄露给后进入市场的零售商。虽然以上文章均对信息泄露的问题进行了研究，但没有考虑收益共享契约下的信息泄露问题。在有关收益共享契约的文献中，Cachon(2003)说明了在不存在竞争的"报童模型"中，收益共享契约能够使供应链达到协调。同样地，Cachon & Larivierer(2005)利用收益共享契约对存在多个竞争性零售商的供应链进行了协调研究，对收益共享契约的优劣势进行了分析。在这些文章中，一般假设信息是对称的。只有 Kong G. W. et al.(2013)的研究是以 Anand &

Goyal(2009)为基础,以两个在市场中拥有不同地位的零售商为研究对象,研究了收益共享契约下当两个零售商之间进行 Cournot 竞争时的信息泄露问题,并讨论了在市场需求分别为高低两种状态下,先进入市场的零售商为了使供应商不泄露信息的订货量区间。但这篇文章并没有考虑销售成本以及存在潜在供应商的情况。Yuki K. 和 Nobuo M. 的研究考虑了多层供应链在垂直方向上的联盟和信息共享问题。

企业在信息完全的情况下,不存在信息共享和信息泄露的情况。当今市场,信息变化万千,不仅大数据充斥着整个市场,信息变化的速度也越来越快。企业需在信息的收集和分析方面付出更多的人力和财力,以在其经营过程中掌握更多的信息。但是单个企业的力量较薄弱,无法完全掌握市场信息。因此竞争企业在建立供应链联盟的时候,也建立了信息之间的共享。而在信息共享的过程中又伴随着信息泄露,即在竞争企业竞争与合作过程中充满了信息的共享和泄露。信息共享可以使企业更好地掌握市场、产品、技术等,并更好地降低成本、提高效率,满足消费市场。但是信息泄露却会影响企业间的合作,破坏市场的秩序。在信息不完全的情况下,企业只有处理好信息共享和信息泄露的关系,才能更好地进行竞争与合作。

随着市场经济的迅速发展,信息共享机制成为供应链管理的关键,是供应链高效协调运转的基本保障。但在供应链参与者进行信息共享的过程中,却往往伴随着信息泄露。针对当前供应链信息共享过程中存在的信息泄露难题,本书研究了由一个供应商和两个企业组成的两阶段供应链,其中两个企业之间进行古诺竞争,市场需求具有不确定性,以一定的概率出现高需求或低需求两种状态。供应商与两个相互竞争的企业之间签订收益共享契约,且供应商拥有企业的订货量信息。市场中两个企业的地位不完全相同,一个是早期进入者,在市场中居于主导地位,简称在位者,拥有市场需求的真实信息且根据市场需求向供应商订货;另一个是新进者,其没有能力掌握市场需求的真实信息,仅仅了解市场的潜在需求。本书在 Anand & Goyal(2009)、Kong G. W. et al.(2013)研究的模型基础上,在考虑收益共享契约的同时,考虑两个企业存在销售成本的情况,通过求解不对称信息下的博弈模型,得到参与者之间的分离均衡,并对不同情况下参与者的收益进行了讨论。为了进一步研究新进入的企业对泄露信息的接受情况和供应商信息泄露的动机,本书还引入了一个与现有供应商存在竞争关系的潜在供应商进行讨论,通过分析得出,当供应链中存在信息泄露问题时,企业和供应商的收益会发生怎样的变化。

7.1.4 信息共享与信息泄露模型

在 Anand & Goyal 研究模型的基础上,构建一条由一个常在供应商、一个潜在供应商和两个进行商品竞争的企业组成商品供应链。其中两个企业在市场中的地位不一样,一个企业因为首先将产品打入市场,在市场中占据主导优势,称为在位企业 G;另一个企业由于后进入市场,在市场中跟随着在位企业从供应商那里订购商品,称为新进企业 S。商品市场的总需求量不确定,有高需求量和低需求量之分。假设企业 G 和企业 S 通过对产品的研发使得自己的产品具有新的功能,而企业 G 由于最早研发出这种功能,抢先一步进入了市场,成为主导企业。例如,苹果公司在 2007 年重新定义了苹果手机,使得其将 iPod、手机和互联网移动通信设备融为一体,颠覆了整个智能手机的市场,成为智能手机市场的主导企业。通过分析,假设在位企业 G 和新进企业 S 在市场上有产品竞争,且存在第三方供应商 m,为在位企业 G 和新进企业 S 提供除 3.3 节中提到的零部件 A 和零部件 B 之外的零部件 C,此零部件使得产品具有了新的功能。且市场中还存在另外一个潜在供应商 z 可以为企业提供零部件 C。产品具有新功能后的市场需求量不确定,有高需求和低需求之分。在零部件交易过程中,企业和供应商之间存在着批发价关系和收益共享契约。假设在整条供应链中供应商和企业都是理性且是风险中性的,以追求各自的利益最大化为目标,讨论当在位企业指导市场真实需求信息的时候,供应商是否会泄露其订货量,以及新进企业在信息泄露和信息不泄露情况下的反应,即当潜在供应商出现时,新进企业的供应商选择策略。

在研究的开始阶段先不考虑潜在供应商 z,只构建一个供应商和两个企业的模型，具体关系如图 7.1 所示。

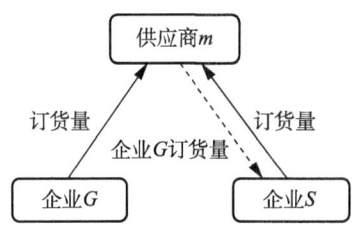

图 7.1　企业与供应商关系

从图 7.1 中可以看出，供应商可以选择泄露信息，也可以选择不泄露信息，假设这样的决策与它在不同情况下的收益有关。

假设两个企业在市场需求不确定的情况下进行产量竞争，引入古诺竞争模型，则需求函数为：

$$P = A - q_G - q_S \qquad (7.1)$$

其中，两个竞争企业的产品在市场中具有相同的价格 P，它和市场需求量、企业的产品市场销量有关。文中假设企业产品的销量和企业的订货量相等。q_G 为在位企业 G 的订货量；q_S 为新进企业 S 的订货量；A 为市场最大需求量，以先验概率 ρ 存在高需求市场 A_H，以先验概率 $(1-\rho)$ 存在低需求市场 A_L，且 $A_H > A_L > 0$ 和 $0 < \rho < 1$。假设 A_H、A_L 和 ρ 是供应链中的所有成员共同知道的信息，但是市场在某一时刻真实的需求信息却不是所有成员都知道的。一些市场活动参与者只能通过先验概率来估算市场需求的期望值，即 $v = \rho A_H + (1-\rho) A_L$。同时假设在位企业 G 因为其在市场中的主导地位和长时间观察调研市场的缘故，了解市场的真实需求信息，确切知道市场为高需求的市场还是低需求的市场，且根据市场的实际需求来确定自己的订货量。而新进企业 S 不知道市场的真实需求信息。因为企业 G 和企业 S 都从供应商 m 那里订购货物，因此供应商 m 知道企业的订货量。且假设企业 G 的订货量可以如实地反映市场真实的需求信息。因此考虑在供应商 m 泄露订货信息和不泄露订货信息的情况下，供应链中企业和供应商的收益变化。

类似于 Kong 和 Zhang 的研究，考虑企业和供应商之间同时存在批发价契约和收益共享契约。供应商在决定商品批发价 ω 的时候，同时抛出收益共享契约，其中 α 为收益共享契约中供应商从企业那里得到收益的参数，且 $0<\alpha<1$。本书认为，ω 和 α 都是外生变量，而不是决策变量。Kong 和 Zhang 讨论了当供应商从在位者的订货信息中得知市场的真实情况的时候，收益共享契约是否会影响供应商泄露市场需求信息。在其研究中，没有考虑企业销售产品时的销售成本，认为企业在市场中可以不付出任何成本来销售产品。这个假设条件和现实市场中的情况存在一定的差异。如果企业在产品销售过程中不用考虑销售成本的条件成立，就会使得企业在市场中可以随意地订货和销售，因为它并不会因为销售较多的货物而付出较大的销售成本。但是在现实中，企业在订货的时候不仅要考虑产品批发成本带来的收益减少部分，还要考虑销售成本带来的收益减少部分，只有在这样的制约条件下，企业才会根据自己的实际情况，制定出合理的订货量。本书在上述思想的基础上加入企业的销售成本函数 cq_i，其中 q_i 为企业的订货量，$i \in (G, S)$，企业 G 和企业 S 拥有相同的销售成本。假设企业可以将其从供应商 m 那里订购的产品全部销售，即订货量和销售量相等。因此，在上述批发价契约、收益共享契约和销售成本不为零的情况下，得到供应链中各个成员的收益 $\pi_j, j \in (G, S, m)$：

$$\pi_G = (1-\alpha)q_G P - \omega q_G - cq_G \tag{7.2a}$$

$$\pi_S = (1-\alpha)q_S P - \omega q_S - cq_S \tag{7.2b}$$

$$\pi_m = \omega(q_G + q_S) + \alpha(q_G + q_S)P \tag{7.2c}$$

假设在供应链中，供应商和企业的行动顺序如下：

1）供应商 m 给出一个关于批发价格 ω 和收益共享参数 α 的合同，其中 ω 和 α 都是外生变量，本书主要考虑企业间的竞争与合作，因此不把 ω 和 α 看作供应商的决策变量。

2）在位企业 G 观察到市场的真实需求量，根据供应商的批发价格 ω 和已定的销售成本 c 确定自己的订货量 q_G，并将订货量提交给供应商 m。

3）供应商 m 决定是否把在位企业 G 的订货量透露给新进公司 S。假设

在位企业 G 拥有市场的真实需求信息,其订货量和市场需求有着对应的关系。供应商 m 可以从在位企业 G 的订货量中判断出市场需求的高低,且准确度为百分之百。

4)如果供应商 m 将信息泄露给新进企业 S,则新进企业 S 根据确定的市场信息、批发价格 ω 与已定销售成本 c,确定自己的订货量 q_S,并和在位者企业 G 进行产品竞争;如果供应商 m 没有泄露信息,则新进企业 S 根据自己对市场需求的推断、批发价 ω 和已定销售成本 c,来确定自己的订货量 q_S。

7.2 企业与供应商收益分析

本节讨论在交易过程中,供应商不泄露信息和泄露信息的情况下,企业与供应商的收益。计算过程和 Anand & Goyal 的证明过程相似。

7.2.1 供应商不泄露信息时的收益分析

首先考虑供应商 m 在交易之前承诺在位企业 G 不会泄露信息的情况,因此两个企业都不会在订货阶段知道对方的订货信息,此时可以看成是同时博弈的过程。计算后可得供应链中参与者的收益为:

$$\pi_{GH}^{N} = \frac{(2c+2\omega+\upsilon-\alpha\upsilon-3A_H+3\alpha A_H)^2}{36(1-\alpha)}$$

$$\pi_{GL}^{N} = \frac{(2c+2\omega+\upsilon-\alpha\upsilon-3A_L+3\alpha A_L)^2}{36(1-\alpha)}$$

$$\pi_{S}^{N} = \frac{(c+\omega-\upsilon+\alpha\upsilon)(2c+2\omega+\upsilon-\alpha\upsilon-3(1-\alpha))}{18(1-\alpha)}$$

$$\pi_{mH}^{N} = \frac{(4c+4\omega-\upsilon+\alpha\upsilon-3A_H+3\alpha A_H)(-6\omega-4c\alpha+2\omega\alpha+\alpha\upsilon-\alpha^2\upsilon-3\alpha A_H+3\alpha^2 A_H)}{36(1-\alpha)^2}$$

$$\pi_{mL}^{N} = \frac{(4c+4\omega-\upsilon+\alpha\upsilon-3A_L+3\alpha A_L)(-6\omega-4c\alpha+2\omega\alpha+\alpha\upsilon-\alpha^2\upsilon-3\alpha A_L+3\alpha^2 A_L)}{36(1-\alpha)^2}$$

其中,N 表示市场中没有信息泄露的情况发生,H 和 L 分别表示市场为高需求和低需求的时候。π_{jH}^{N} 表示参与者在没有信息泄露的情况下市场需求为高需求时的收益，$j \in (G, S, m)$，π_{jL}^N 表示参与者在没有信息泄露的情况下市场需求为低需求的收益，上述公式中，π_{GL}^N 表示在位企业 G 在观察到市场是高需求且供应商 m 承诺不泄露信息的情况下，和企业 S 在市场上进行商品竞争所带来的收益，其他依此类推。其中 $v = \rho A_H + (1-\rho) A_L$，表示市场需求的期望值。

7.2.2 供应商泄露信息时的收益分析

当供应商 m 总是把在位企业 G 的订货信息泄露给新进企业 S 的时候，新进企业 S 将根据不同的市场信息来确定自己的订货量。在一个分离均衡中，在位企业 G 将根据不同的市场需求向供应商 m 订购不同数量的产品，如 Anand & Goyal、Kong & Zhang 在研究中所分析的。假设 q_{GL}^{s*} 为在位企业 G 在市场需求是低需求且供应商 m 泄露信息的情况时的最优订货量，对新进企业 S 对供应商泄露的信息有如下的判断：如果 $q_G \leq q_{GL}^{s*}$，则新进企业 S 认为市场为高需求状态的概率为 0，即 $Pr(A=A_H \mid q_G \leq q_{GL}^{s*}) = 0$；如果 $q_G > q_{GL}^{s*}$，则新进企业 S 认为市场为高需求状态的概率为 1，即 $Pr(A=A_H \mid q_G > q_{GL}^{s*}) = 1$。其中，$s$ 表示市场中存在信息泄露的情况，q_{GL}^{s*} 表示在低需求市场下在位企业 G 的均衡订货量。

假设参数 $\theta = \dfrac{A_H - (\omega+c)/(1-\alpha)}{A_L - (\omega+c)/(1-\alpha)}$，$\theta$ 表示市场的波动情况，$\theta > 1$，且计算得到在供应商泄露信息的情况下，分离均衡的解如下所示：

1）当市场为高需求的时候，在位企业 G 的订货量为 $q_{GH}^{s*} = \dfrac{c+\omega-A_H+\alpha A_H}{2(-1+\alpha)}$；

当市场为低需求的时候，在位企业 G 的订货量为：

$$q_{GL}^{s*} = \begin{cases} \dfrac{c+\omega-A_L+\alpha A_L}{2(-1+\alpha)}, & \theta \geq 3 \\ -\dfrac{1}{2(-1+\alpha)}\left(\begin{array}{l} -c-\omega+2A_H-2\alpha A_H-A_L+\alpha A_L - \\ (1-\alpha)\sqrt{\dfrac{(A_H-A_L)(2c+2\omega-3A_H+3\alpha A_H+A_L-\alpha A_L)}{-1+\alpha}} \end{array}\right), & \theta < 3 \end{cases}$$

2) 当 $Pr(A=A_H \mid q_G > q_{GL}^{s*})=1$ 的时候，新进企业 S 的订货量 $q_{GL}^{s*} = \dfrac{c+\omega-A_H+\alpha A_H}{4(-1+\alpha)}$；当 $Pr(A=A_H \mid q_G \leqslant q_{GL}^{s*})=0$ 的时候，新进企业 S 的订货量为：

$$q_{SL}^{s*} = \begin{cases} \dfrac{c+\omega-A_L+\alpha A_L}{4(-1+\alpha)}, & \theta \geqslant 3 \\ \dfrac{1}{4(-1+\alpha)}\left(c+\omega+2A_H-2\alpha A_H-3A_L+3\alpha A_L - (1-\alpha)\sqrt{\dfrac{(A_H-A_L)(2c+2\omega-3A_H+3\alpha A_H+A_L-\alpha A_L)}{-1+\alpha}}\right), & \theta < 3 \end{cases}$$

则可以得到供应链参与者的收益为：

当 $Pr(A=A_H \mid q_G > q_{GL}^{s*})=1$ 的时候：

$$\pi_{GH}^{s*} = \dfrac{(c+\omega-A_H+\alpha A_H)^2}{8(-1+\alpha)^2}$$

$$\pi_{SH}^{s*} = \dfrac{(c+\omega-A_H+\alpha A_H)^2}{16(-1+\alpha)^2}$$

当 $Pr(A=A_H \mid q_G \leqslant q_{GL}^{s*})=0$ 且 $\theta > 3$ 的时候：

$$\pi_{GL}^{s*} = \dfrac{(c+\omega-A_L+\alpha A_L)^2}{8(-1+\alpha)^2}$$

$$\pi_{SL}^{s*} = \dfrac{(c+\omega-A_L+\alpha A_L)^2}{16(-1+\alpha)^2}$$

当 $Pr(A=A_H \mid q_G \leqslant q_{GL}^{s*})=0$ 且 $\theta < 3$ 的时候：

$$\pi_{GL}^{s*} = \dfrac{1}{8(-1+\alpha)^2}(c^2+2c\omega+\omega^2+2cA_H+2\omega A_H-2c\alpha A_H-2\omega\alpha A_H-7A_H^2+14\alpha A_H^2-7\alpha^2 A_H^2-4cA_L-4\omega A_L+4c\alpha A_L+4\omega\alpha A_L+12A_H A_L-24\alpha A_H A_L+12\alpha^2 A_H A_L-4A_L^2+8\alpha A_L^2-4\alpha^2 A_L^2+(4A_H-8\alpha A_H+4\alpha^2 A_H+4A_L+8\alpha A_L-4\alpha^2 A_L)\sqrt{\dfrac{(A_H-A_L)(2c+2\omega-3A_H+3\alpha A_H+A_L-\alpha A_L)}{-1+\alpha}})$$

$$\pi_{SL}^{s*} = \dfrac{1}{16(-1+\alpha)^2}(c+\omega+2A_H-2\alpha A_H-3A_L+3\alpha A_L-(1-\alpha)\sqrt{\dfrac{(A_H-A_L)(2c+2\omega-3A_H+3\alpha A_H+A_L-\alpha A_L)}{-1+\alpha}})^2$$

根据公式 $\pi_m = \omega(q_G + q_S) + \alpha(q_G + q_S)P$ 计算供应商 m 的最优收益，其中 $P = A - q_G - q_S$，将 P 和 q_S 都写成关于 q_G 的表达式，得到：

$$\pi_{mH}^{s*} = \frac{(c+\omega-A_H+\alpha A_H - q_{GH}^{s*} + \alpha q_{GH}^{s*})(-2\omega-c\alpha+\omega\alpha-\alpha A_H + \alpha^2 A_H + \alpha q_{GH}^{s*} - \alpha^2 q_{GH}^{s*})}{4(-1+\alpha)^2}$$

$$\pi_{mL}^{s*} = \frac{(c+\omega-A_L+\alpha A_L - q_{GL}^{s*} + \alpha q_{GL}^{s*})(-2\omega-c\alpha+\omega\alpha-\alpha A_L + \alpha^2 A_L + \alpha q_{GL}^{s*} - \alpha^2 q_{GL}^{s*})}{4(-1+\alpha)^2}$$

在上面两个小节中，分别计算出了在订货信息泄露和订货信息不泄露的情况下企业和供应商的收益表达式，下面将对收益表达式进行具体的分析。

7.2.3 供应商不泄露信息时的均衡订货量分析

假设供应商 m 是理性的经济人，追求其利益最大化。因此供应商 m 是否泄露信息决定了它在不同情况下的收益大小。本书假设当不泄露信息的情况下供应商 m 的收益大于泄露信息情况下供应商 m 的收益时，供应商 m 将不会泄露信息。若上述假设成立，则当在位企业 G 的订货量 $q_G \in (\underline{q_G}, \overline{q_G})$ 时，供应商 m 将会泄露在位者的订货量信息，其中：

$$\underline{q_G} = \frac{\omega}{\alpha} + \frac{\omega+c}{1-\alpha} - \frac{1}{3}(v - \frac{3\omega}{\alpha} - \frac{4(\omega+c)}{1-\alpha}) \quad (7.3a)$$

$$\overline{q_G} = \frac{\omega}{\alpha} + \frac{\omega+c}{1-\alpha} + \frac{1}{3}(v - \frac{3\omega}{\alpha} - \frac{4(\omega+c)}{1-\alpha}) \quad (7.3b)$$

$$v - \frac{3\omega}{\alpha} - \frac{4(\omega+c)}{1-\alpha} \geq 0 \quad (7.3c)$$

无论市场是高需求还是低需求，供应商 m 都希望自己的利益最大化。当供应商 m 在两种市场状态下，不泄露信息时获得的收益大于泄露信息时获得的收益时，供应商 m 就会确保不泄露在位者的信息。因此供应商 m 将在 $\pi_{mH}^s \leq \pi_{mH}^N$ 和 $\pi_{mL}^s \leq \pi_{mL}^N$ 同时成立的条件下承诺不泄露信息。其中，假设 π_{mH}^s 和 π_{mL}^s 是供应商 m 泄露信息时在两种市场状态下的最优收益，π_{mH}^N 和 π_{mL}^N 是供应商 m 不泄露信息时在两种市场状态下的最优收益，根据前文计算结果可知，供应商 m 在不同情况下的收益为：

$$\pi_{mH}^s = \frac{(c+\omega-A_H+\alpha A_H-q_{GH}^s+\alpha q_{GH}^s)(-2\omega-c\alpha+\omega\alpha-\alpha A_H+\alpha^2 A_H+\alpha q_{GH}^s-\alpha^2 q_{GH}^s)}{4(-1+\alpha)^2}$$

$$\pi_{mL}^s = \frac{(c+\omega-A_L+\alpha A_L-q_{GL}^s+\alpha q_{GL}^s)(-2\omega-c\alpha+\omega\alpha-\alpha A_L+\alpha^2 A_L+\alpha q_{GL}^s-\alpha^2 q_{GL}^s)}{4(-1+\alpha)^2}$$

$$\pi_{mH}^N = \frac{(4c+4\omega-v+\alpha v-3A_H+3\alpha A_H)(-6\omega-4c\alpha+2\omega\alpha+\alpha v-\alpha^2 v-3\alpha A_H+3\alpha^2 A_H)}{36(-1+\alpha)^2}$$

$$\pi_{mL}^N = \frac{(4c+4\omega-v+\alpha v-3A_L+3\alpha A_L)(-6\omega-4c\alpha+2\omega\alpha+\alpha v-\alpha^2 v-3\alpha A_L+3\alpha^2 A_L)}{36(-1+\alpha)^2}$$

由分析可知，当 $\pi_{mH}^s \leqslant \pi_{mH}^N$ 和 $\pi_{mL}^s \leqslant \pi_{mL}^N$ 同时成立时，供应商不会泄露订货量信息，将上述供应商的收益分别代入 $\pi_{mH}^s \leqslant \pi_{mH}^N$ 和 $\pi_{mL}^s \leqslant \pi_{mL}^N$，对方程组求解后可得 $\underline{q_G} = \frac{\omega}{\alpha} + \frac{\omega+c}{1-\alpha} - \frac{1}{3}(v - \frac{3\omega}{\alpha} - \frac{4(\omega+c)}{1-\alpha})$，$\overline{q_G} = \frac{\omega}{\alpha} + \frac{\omega+c}{1-\alpha} + \frac{1}{3}(v - \frac{3\omega}{\alpha} - \frac{4(\omega+c)}{1-\alpha})$，其中有条件 $v - \frac{3\omega}{\alpha} - \frac{4(\omega+c)}{1-\alpha} \geqslant 0$ 成立，$\overline{q_G}$ 为取值区间上限，$\underline{q_G}$ 为取值区间下限。

1) 当 $v - \frac{3\omega}{\alpha} - \frac{4(\omega+c)}{1-\alpha} > 0$ 时，可以看出 $\underline{q_G} < \overline{q_G}$。因此可以得到信息泄露区间 $(\underline{q_G}, \overline{q_G})$；当 $q_G \in (\underline{q_G}, \overline{q_G})$ 的时候，供应商在获得在位者订货量时，一定会把订货量信息泄露给其他企业；当 $q_G \in (0, \underline{q_G}) \cup (\overline{q_G}, \infty)$ 的时候，无论市场是高需求还是低需求，供应商都不会泄露信息。通过研究 Kong 和 Zhang 中的信息泄露区间 $(\underline{q_G^*}, \overline{q_G^*})$ 来进一步说明企业销售成本的变化对信息泄露区间的影响。其中 $\underline{q_G^*}$ 表示在引用论文中供应商信息泄露区间的下限，$\underline{q_G^*} = \frac{\omega}{\alpha} + \frac{\omega}{1-\alpha} - \frac{1}{3}(v - \frac{3\omega}{\alpha} - \frac{4\omega}{1-\alpha})$，$\overline{q_G^*}$ 表示信息泄露区间的上限，$\overline{q_G^*} = \frac{\omega}{\alpha} + \frac{\omega}{1-\alpha} + \frac{1}{3}(v - \frac{3\omega}{\alpha} - \frac{4\omega}{1-\alpha})$。通过比较发现，当销售成本不为零的时候，信息泄露区间将变小，且与 Kong 和 Zhang 中所研究的信息泄露区间相比，本书中的信息泄露区间减少量为 $\frac{6c}{3(1-\alpha)}$。

可以看出当销售成本为零和不为零时，有 $\overline{q_G} < \overline{q_G^*}$ 和 $\underline{q_G} > \underline{q_G^*}$ 成立。当销售成本不为零的时候，信息泄露区间的上限数值变小，下限数值变大，整

个信息泄露区间变小。通过和成本不为零时的结果进行比较分析可以发现，相比销售成本为零的信息泄露区间，当销售成本不为零时，供应商 m 泄露信息时的在位者订货量区间变小（$|\overline{q_G} - \underline{q_G}| < |\overline{q_G^*} - \underline{q_G^*}|$）。通过观察可以发现，供应商 m 的收益由两个部分组成，批发价收益和收益共享收益。下面将从这两个方面分析供应商 m 泄露信息空间变小的原因。和 Kong & Zhang 的研究相比，当市场为低需求时在位者可以向供应商订购更多的商品（$\underline{q_G} > \underline{q_G^*}$），较多的订货量增加了供应商因为批发价契约带来的收益，促使供应商 m 不泄露订货信息；当市场为高需求时，不泄露信息下的在位者的订货范围同样变广（$\overline{q_G} < \overline{q_G^*}$）。因为高需求市场中在位者获得更多的收益（$\pi_{GH}^N > \pi_{GL}^N$），使得供应商 m 通过收益共享契约获得的收益增加，因此供应商不需要在位者订购过多的货物来提高自己的总收益，且不会泄露在位者的订货信息。有趣的是，供应商泄露信息区间两边数值的变化程度是不同的，即 $|\overline{q_G} - \overline{q_G^*}| \neq |\underline{q_G} - \underline{q_G^*}|$。通过计算可以发现 $|\overline{q_G} - \overline{q_G^*}| < |\underline{q_G} - \underline{q_G^*}|$，即泄露信息区间下限的变化程度要大于泄露区间上限的变化程度，也就是说，在市场需求为低需求的情况下，在位企业 G 的订货量灵活度更高。从上面的分析中可以看出，当企业在产品的销售过程中有销售成本的时候，可以减少供应商泄露信息的订货区间，通过计算可知 $\frac{\partial \overline{q_G}}{\partial c} < 0$ 和 $\frac{\partial \underline{q_G}}{\partial c} > 0$ 成立，说明随着销售成本的增加，供应商 m 泄露信息的区间上限减少、下限增加，供应商 m 泄露信息的区间不断缩小。因而可以看出，除了前人研究中提到的收益共享契约可以削弱供应商泄露在位者订货量信息以外，企业销售成本不为零同样可以减小供应商泄露信息的订货区间。但这并不是说在现实中企业可以无限制地增加销售成本来阻止供应商泄露信息，例如对产品大肆宣传或者促销活动带来的销售成本增加。单纯依靠增加销售成本来阻止供应商泄露信息的行为是不科学的，因为销售成本过高的时候有可能使得商品的边际效益为零，而由于企业是理性经济人，因此只有 $\pi_G > 0 \wedge \pi_S > 0$ 成立时，市场交易才会进行。通过对 $\pi_G > 0 \wedge \pi_S > 0$ 不等式方程组进行计算可以得出 $0 < c < (1-\alpha)P - \omega$，可知企业的销售成本是有限的，不能通过无限制地增加销售成本来避免供应商 m 泄露信息。

2) 当 $v - \dfrac{3\omega}{\alpha} - \dfrac{4(\omega+c)}{1-\alpha} = 0$ 时可以看出，$\underline{q_G} = \overline{q_G}$，此时信息泄露区间为空集，即在这种情况下不泄露信息是供应商的最优选择。通过计算上面等式可知，当时 $c = \omega - \dfrac{(v - 3\omega/\alpha)(1-\alpha)}{4}$，可以得到 $\underline{q_G} = \overline{q_G}$。当企业收益恒大于零成立的时候，得到销售成本的取值范围为 $0 < c < (1-\alpha)P - \omega$。因此，如果 $0 < \omega - \dfrac{(v - 3\omega/\alpha)(1-\alpha)}{4} < (1-\alpha)P - \omega$ 成立，则认为存在销售成本 c 可以使得无论在位者的订货信息怎样变化，供应商 m 都不会泄露在位者的信息；如果上述条件不成立，则认为总是存在使供应商 m 泄露订货信息的在位者订货区间。

7.2.4 在位者激励供应商不泄露信息的策略分析

通过上面的计算可知，当在位企业 G 的订货量 q_G 在区间 $(0, \underline{q_G}) \cup (\overline{q_G}, \infty)$ 中时，供应商 m 将不会泄露订货量信息。在位企业 G 以追求自己利益最大化为目标，要确保在位企业 G 在信息不被泄漏时的收益大于信息被泄漏时的收益，否则，不泄露订货量的讨论是没有意义，企业 G 订货量 q_G 一定会在区间 $(\underline{q_G}, \overline{q_G})$ 中，企业 G 希望供应商 m 可以泄露它的订货信息，从而获得最大收益。

比较在市场需求高时，在位企业 G 的订货量和收益在信息不泄露和信息泄露时的情况，可以得到下面的计算结果。

首先，不泄露信息情况下，分析在位企业 G 的订货量和泄露区间上限值与下限值的大小。可知当 $v - \dfrac{3\omega}{\alpha} - \dfrac{4(\omega+c)}{1-\alpha} \geq 0$ 时，$q_{GH}^N - \overline{q_G} = \dfrac{1}{2}(-v + A_H) > 0$，得到 $q_{GH}^N > \overline{q_G}$。因为 $\overline{q_G} \geq \underline{q_G}$，所以同样可知 $q_{GH}^N > \underline{q_G}$。当 $v - \dfrac{3\omega}{\alpha} - \dfrac{4(\omega+c)}{1-\alpha} < 0$ 时，$q_{GH}^N - \underline{q_G} = \dfrac{1}{2}(-v + A_H) > 0$，可知 $q_{GH}^N > \underline{q_G}$。所以 $\left| v - \dfrac{3\omega}{\alpha} - \dfrac{4(\omega+c)}{1-\alpha} \right| \geq 0$，$q_{GH}^N > \underline{q_G}$。

其次，通过前文分析可知，当 $v - \frac{3\omega}{\alpha} - \frac{4(\omega+c)}{1-\alpha} = 0$ 时，不存在信息泄漏空间，即 q_{CH}^N 是均衡解。当 $v - \frac{3\omega}{\alpha} - \frac{4(\omega+c)}{1-\alpha} \neq 0$ 时，存在信息泄露的可能。比较 q_{CH}^N 和 q_{CH}^s，当 $q_{CH}^N - q_{CH}^s = \frac{c+\omega-v+\alpha v}{6(1-\alpha)} < 0$ 成立时可知，$q_{CH}^s > q_{CH}^N$。因此当市场为高需求时，信息泄露情况下在位者的订货量高于信息不泄露情况下在位者的订货量[当且仅当 $(1-\alpha)v > c+\omega$]。

最后，对在位企业 G 的收益进行比较可知，当 $\pi_{CH}^N \geq \pi_{CH}^s$ 时，$\frac{2(1-\alpha)((3-\alpha)\theta-(1-\alpha))^2}{9\theta^2} \geq 1$。通过计算 $\frac{2(1-\alpha)((3-\alpha)\theta-(1-\alpha))^2}{9\theta^2} = 1$ 可以得到：

$$\theta_1 = \frac{-6+3\sqrt{2}\sqrt{-(-1+\alpha)^3}+14\alpha-10\alpha^2+2\alpha^3}{-9+30\alpha-14\alpha^2+2\alpha^3} \qquad (7.4a)$$

$$\theta_2 = \frac{-6-3\sqrt{2}\sqrt{-(-1+\alpha)^3}+14\alpha-10\alpha^2+2\alpha^3}{-9+30\alpha-14\alpha^2+2\alpha^3} \qquad (7.4b)$$

α 为收益共享参数且 $0 < \alpha < 1$，以 α 为自变量，θ_1 和 θ_2 的曲线如图 7.2 所示。

图 7.2 中横坐标是 α 的取值，曲线 θ_1 和曲线 θ_2 分别表示 θ_1 和 θ_2 的取值。因为 $\theta = \frac{A_H - (\omega+c)/(1-\alpha)}{A_L - (\omega+c)/(1-\alpha)}$，所以 $\theta > 1$。因此从图中可以看出，$\pi_{CH}^N > \pi_{CH}^s$ 成立，当且仅当 $1 < \theta < \frac{-6+3\sqrt{2}\sqrt{-(-1+\alpha)^3}+14\alpha-10\alpha^2+2\alpha^3}{-9+30\alpha-14\alpha^2+2\alpha^3}$。

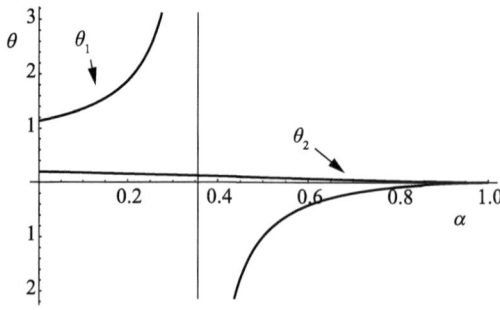

图 7.2 关于两个参数的比较

综合前文对在位者和供应商的收益分析可知，当市场为高需求，且 $v - \dfrac{3\omega}{\alpha} - \dfrac{4(\omega+c)}{1-\alpha} \geq 0$，$(1-\alpha)v > c + \omega$ 和 $1 < \theta < \dfrac{-6 + 3\sqrt{2}\sqrt{-(-1+\alpha)^3} + 14\alpha - 10\alpha^2 + 2\alpha^3}{-9 + 30\alpha - 14\alpha^2 + 2\alpha^3}$

同时成立时，存在在位者和供应商之间的不泄露均衡。此时不泄露信息的情况下供应商和在位者的收益都优于泄露信息情况下的收益，在位者希望供应商不要泄露信息，供应商也会因为泄露信息不会带来更多的收益，而对在位者的订货量信息保密，整条供应链中不存在信息泄露的情况，只有企业间的信息共享和收益共享。

接下来将基于新进者 S 的收益，讨论是否存在新进者 S 在信息泄露的情况下不接收信息的情况。如果存在新进者 S 在不泄露信息情况下的收益优于泄露信息情况下的收益，那么即使供应商泄露信息，新进者 S 也会装作没有接收到供应商所泄露的信息，而是根据自己对市场需求状况的估计，来决定自己的订货量。

7.2.5 新进者对泄露信息的接收情况分析

讨论在供应商泄露信息的时候，新进者 S 是否总是接收信息，是否存在新进者忽略供应商所泄露的在位者订货量信息，而按照自身对市场需求的推断进行订货的情况。因为当 $\theta < 3$，市场波动较小的时候，新进者 S 的订货量讨论非常复杂，此处不予计算，本书将其解释为在市场波动不大的情况下，是否接收供应商泄露的信息对新进者的收益影响不大。仅讨论当 $\theta \geq 3$ 的时候，在两种市场需求下，是否存在新进者对泄露信息不接收的情况。分别比较 π_{SH}^s 和 π_S^N，π_{SL}^s 和 π_S^N 的大小。可知当新进企业 S 不接收供应商泄露的信息时：

$$\dfrac{\pi_S^N}{\pi_{SH}^s} = \dfrac{16(1-\alpha)(\rho\theta + (1-\rho))^2}{9\theta^2} \geq 1$$

$$\dfrac{\pi_S^N}{\pi_{SL}^s} = \dfrac{16(1-\alpha)(\rho\theta + (1-\rho))^2}{9} \geq 1$$

对上式进行求解，过程如下：

1) 当市场为高需求且 $\dfrac{\pi_S^N}{\pi_{SH}^s} = \dfrac{16(1-\alpha)(\rho\theta+(1-\rho))^2}{9\theta^2} \geq 1$ 成立时，新进企业 S 将不接收供应商泄露的在位者的订货量信息，根据自己预测订货。将不等式变形可得 $f = 16(1-\alpha)(\rho\theta+(1-\rho))^2 - 9\theta^2 \geq 0$。因为 $\theta \geq 3$，所以可知 $\dfrac{f}{\theta^2} \geq 0$。变形后可得 $\dfrac{f}{\theta^2} = 16(1-\alpha)(\rho + \dfrac{1-\rho}{\theta})^2 - 9 \geq 0$。因为 $0 < 1-\rho < 1$，且 $\theta \geq 3$，所以 $0 < \dfrac{1-\rho}{\theta}$。因此可以得到 $16(1-\alpha)\rho^2 - 9 < \dfrac{f}{\theta^2}$。

当 $0 < \alpha < 1$ 和 $0 < \rho < 1$ 的时候，比较 $16(1-\alpha)\rho^2 - 9$ 和 0 的大小可得图 7.3。

从图 7.3 可以看出，$16(1-\alpha)\rho^2 - 9$ 平面和 0 平面有相交。当 $0 < \alpha < 1$ 和 $0 < \rho < 1$ 的时候，存在集合 (α, ρ) 使得 $16(1-\alpha)\rho^2 - 9 > 0$ 成立。因为 $16(1-\alpha)\rho^2 - 9 < \dfrac{f}{\theta^2}$，$\theta \geq 3$，从而可以得出，当市场需求波动较大且市场为高需求的时候存在集合 (α, ρ) 使得 $f = 16(1-\alpha)(\rho\theta+(1-\rho))^2 - 9\theta^2 \geq 0$ 成立，从而使 $\pi_S^N > \pi_{SH}^s$。由此可知，市场为高需求的时候，新进企业 S 不会总是接收被泄露的信息，它会在一定条件下忽略供应商泄露的信息，根据自己对市场的预测情况来订购商品。

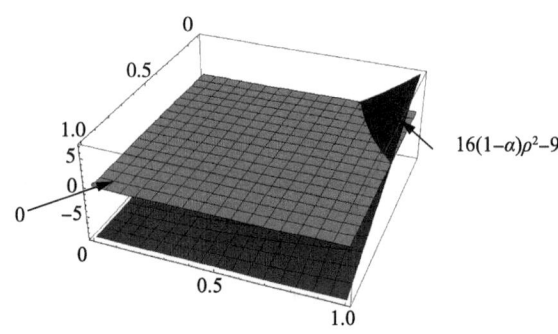

图 7.3　$16(1-\alpha)\rho^2 - 9$ 与 0 的比较

2) 当市场为低需求且 $\dfrac{\pi_S^N}{\pi_{SL}^s} = \dfrac{16(1-\alpha)(\rho\theta+(1-\rho))^2}{9} \geq 1$ 成立时，新进者将不接收供应商所泄露的信息，而是按照自己对市场的预测订购商品。通过

变形可得 $g = 16(1-\alpha)(\rho\theta + (1-\rho))^2 - 9 \geq 0$，因为 $\theta \geq 3$，所以 $\dfrac{g}{\theta^2} \geq 0$。变形后可得到 $\dfrac{g}{\theta^2} = 16(1-\alpha)(\rho + \dfrac{1-\rho}{\theta})^2 - \dfrac{9}{\theta^2} \geq 0$。又因为 $\theta \geq 3$，所以可以得到

$$\dfrac{g}{\theta^2} = 16(1-\alpha)(\rho + \dfrac{1-\rho}{\theta})^2 - \dfrac{9}{\theta^2} \geq 16(1-\alpha)(\rho + \dfrac{1-\rho}{\theta})^2 - 1 > 16(1-\alpha)\rho^2 - 1.$$

当 $0 < \alpha < 1$ 和 $0 < \rho < 1$ 的时候，$16(1-\alpha)\rho^2 - 1 \geq 0$，如图 7.4 所示。

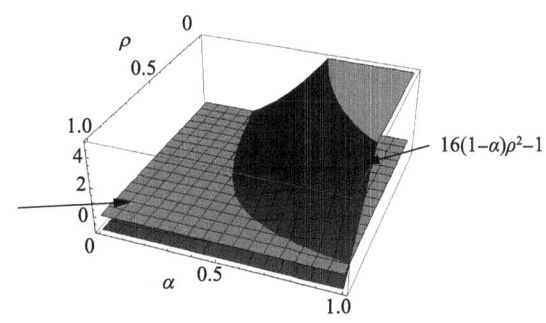

图 7.4　$16(1-\alpha)\rho^2 - 1$ 与 0 的比较

图 7.4 给出了 $16(1-\alpha)\rho^2 - 1$ 的分布情况。为了方便观察 $16(1-\alpha)\rho^2 - 1$ 与 0 的大小，在图中同时画出 0 平面。从图中可以看出，存在集合 (α, ρ)，当 $0 < \alpha < 1$ 和 $0 < \rho < 1$ 的时候使得 $16(1-\alpha)\rho^2 - 1 \geq 0$ 成立。通过单调递推原理，可以得出存在集合 (α, ρ) 使得 $g = 16(1-\alpha)(\rho\theta + (1-\rho))^2 - 9 \geq 0$。因此在市场为低需求的时候，新进者一定不会接收供应商所泄露的信息，而是按照自己对市场需求的估计订货。此时，新进者会认为自己对市场需求的估计才是正确的，而不相信供应商所泄露的在位者的订货量。

通过上面的分析可以得出，当市场波动较大的时候 $\theta \geq 3$，新进者有可能会对供应商泄露的信息视而不见，而是根据自己对市场的预测订货。这和现实中人们认为新进者一定会接收供应商泄露的信息的观点不一致。

7.2.6　存在其他供应商时的信息泄露分析

在上面研究的基础上，进一步假设市场上还存在着另一个潜在供应商

z。由于在位企业 G 和供应商 m 建立了长期的供需关系,所以在位企业 G 不会考虑和潜在供应商 z 合作。而对于新进企业 S,它可以选择从供应商 m 和供应商 z 中进行选择。假设供应商 z 的产品批发价格为 ϖ,且两个供应商的批发价不一样($\omega \neq \varpi$)。企业 S 的行动顺序如下:首先,供应商 m 宣布自己会泄露市场信息;其次,新进企业 S 进行供应商选择;最后,当其选择供应商 m 的时候,可以按照市场需求的真实信息来制定自己的订货量,而当其选择供应商 z 的时候,则按照自己对市场的期望来制定自己的订货量。具体关系如图 7.5 所示。

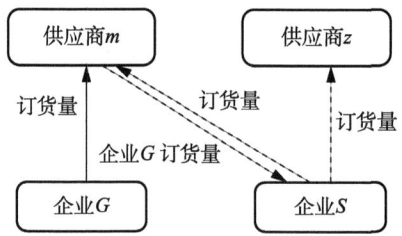

图 7.5 存在潜在供应商时企业间的关系

通过分析可知,当新进企业 S 和供应商 z 合作的时候,可以认为是其同时与在位企业 G 进行博弈的过程,因为其并不知道企业 G 的订货量,通过计算可以得到新进者 S 与供应商 z 合作时的收益:

$$\pi_{Sz} = \frac{((1-\alpha)v - c + \omega - 2\varpi)^2}{9(1-\alpha)}$$

市场波动较大 $\theta \geq 3$ 时,若供应商 m 泄露信息,新进企业 S 接收信息,其收益为:

$$\pi_{SH}^{s*} = \frac{((1-\alpha)A_H - c - \omega)^2}{16(1-\alpha)^2}$$

$$\pi_{SL}^{s*} = \frac{((1-\alpha)A_L - c - \omega)^2}{16(1-\alpha)^2}$$

其中,π_{SH}^{s*} 和 π_{SL}^{s*} 为在信息泄露的情况下,两类市场中新进企业 S 和供应商 m 合作时的收益,π_{Sz} 为新进企业 S 和供应商 z 合作时的收益。对上面的收益表达式进行分析将得到三种排序结果:①当 $\pi_{SL}^{s*} > \pi_{Sz}$ 成立的时候,

新进企业 S 和供应商 m 合作时，无论市场真实需求是哪种状态，企业 S 获得的收益均优于和供应商 z 合作的收益，因为此种情况下企业 S 能够得到市场需求信息，可以按照需求信息合理地制定自己的产品销量，从而取得较大的收益。②当 $\pi_{SL}^{s*} < \pi_{Sz} < \pi_{SH}^{s*}$ 成立的时候，新进企业 S 在市场需求是高需求的情况下与供应商 m 合作，可以得到较多的收益，而市场需求为低需求的情况下与供应商 m 合作，只能得到较少的收益。③当 $\pi_{Sz} > \pi_{SH}^{s*}$ 成立的时候，新进企业 S 不会和供应商 m 合作，而是选择和潜在供应商 z 合作。通过比较新进企业 S 收益在不同策略下的大小，得到如下关于 ϖ 的取值范围：

$$\varpi_1 = \frac{(-4c - 4\omega + 4c\alpha + 4\omega\alpha + 4v - 8\alpha v + 4\alpha^2 v + 3\sqrt{(1-\alpha)(c+\omega-A_L+\alpha A_L)^2})}{8(1-\alpha)}$$

$$\varpi_2 = \frac{(-4c - 4\omega + 4c\alpha + 4\omega\alpha + 4v - 8\alpha v + 4\alpha^2 v - 3\sqrt{(1-\alpha)(c+\omega-A_L+\alpha A_L)^2})}{8(1-\alpha)}$$

$$\varpi_3 = \frac{(-4c - 4\omega + 4c\alpha + 4\omega\alpha + 4v - 8\alpha v + 4\alpha^2 v + 3\sqrt{(1-\alpha)(c+\omega-A_H+\alpha A_H)^2})}{8(1-\alpha)}$$

$$\varpi_4 = \frac{(-4c - 4\omega + 4c\alpha + 4\omega\alpha + 4v - 8\alpha v + 4\alpha^2 v - 3\sqrt{(1-\alpha)(c+\omega-A_H+\alpha A_H)^2})}{8(1-\alpha)}$$

因为 $A_H > A_L$ 成立，所以 ϖ 的取值满足 $\varpi_3 > \varpi_1 > \varpi_2 > \varpi_4$。通过分析可以得到，新进企业 S 对于供应商选择策略与潜在供应商 z 的零部件批发价格有关。当 $\varpi_2 < \varpi < \varpi_1$ 成立的时候，得到 $\pi_{SL}^{s*} > \pi_{Sz}$，新进企业 S 一定会选择和供应商 m 合作，无论市场是低需求或者高需求，新进企业 S 都将得到较多的收益。当 $(\varpi_1 < \varpi < \varpi_3) \vee (\varpi_4 < \varpi < \varpi_2)$ 成立的时候，得到 $\pi_{SL}^{s*} < \pi_{Sz} < \pi_{SH}^{s*}$，则新进企业 S 和供应商 m 合作得到的收益在市场为高需求的时候大于其与潜在供应商 z 合作得到的收益，当市场为低需求的时候则小于其与潜在供应商 z 合作得到的收益。当 $(\varpi_1 < \varpi_4) \vee (\varpi > \varpi_3)$ 成立的时候，得到 $\pi_{Sz} > \pi_{SH}^{s*}$，新进企业 S 和供应商 m 合作的收益小于和潜在供应商 z 合作的收益。

通过上面的研究发现，在一定的条件下，供应商将选择不泄露信息，此时供应商的收益大于泄露信息时的收益。供应商是否泄露在位者订货量信息的行为与在位者的订货量有关。当销售成本不为零的时候，供应商泄露在位者订货量信息的订货量区间会随着销售成本的增加而不断减小。对在位者的行为进行讨论，当市场为高需求的时候，在位者的订货量不会低于供应商泄露信息区间的订货量下限，且信息不泄露时在位者的最优订货量小于信息泄露时在位者的最优订货量。批发价契约激励供应商泄露信息，收益共享契约阻止供应商泄露信息。进一步对供应商和在位者在信息泄露和信息不泄露两种情况下的收益进行比较，找出两者在信息不泄露情况下的分离均衡；在此均衡上，供应商不会泄露信息，在位者也会因为供应商不泄露信息而获得比信息被泄露情况下更好的收益。对新进者的收益进行讨论，发现当供应商泄露信息时，虽然新进者接收供应商泄露的信息不需要付出任何的成本，但是仍然存在新进者不接收供应商泄露信息的情况。为了进一步研究新进者对泄露信息的接收情况，在市场波动较大的情况下，引入了一个潜在供应商。由于在位者和原来供应商在长期的交易中建立了稳定的合作关系，在位者不会考虑和潜在供应商合作；新进者则会根据自身收益的大小在两个供应商中进行选择。削弱供应链中供应商泄露信息动机的关键所在是：收益共享契约可以激励供应商不泄露信息，且销售成本的增长可以进一步减少供应商泄露信息的动机。另外，在市场中引入多个供应商，也可以控制企业获取不正当信息的行为，使得在一定情况下，企业忽略供应商泄露的信息，当企业对泄露信息没有需求的时候，供应商也就没有泄露信息的动机了。因此，研究结论对建立供应链中安全稳固的信息共享合作关系具有重要的指导作用。

7.3 本章小结

在市场的开发过程中，企业对市场的了解往往是不充分的，企业要通过和供应链中的其他成员合作，获得更多的市场信息，或者通过付出相应的成本，搜集和整理市场信息。由于市场经济的快速发展，市场的情况越来越复杂，单单依靠自己的能力，想要充分掌握市场的信息是不可能的，信息共享联盟的建立是供应链在信息经济高速发展下的产物，是供应链有效运行的基础。在信息经济快速发展的今天，掌握信息，就掌握了市场的主动权。大数据时代的信息不仅可以反映市场表面的变化和发展趋势，还能深刻和广泛地揭露市场更加深刻的含义。供应链合作联盟的建立包括了信息共享机制的建立，信息共享机制是指供应链联盟中的各个主体将自己关于市场和产品的相关信息进行分享，包括市场需求、市场的发展状况、产品成本、产品技术等。企业可以充分利用信息共享机制中的相关信息来实现自身利益的最大化。信息共享的同时伴随着信息泄露。本书假设了两个相互竞争的企业共同拥有一个供应商，每个企业和供应商之间的信息交流称为信息共享；企业间接的获得不以自己为目标主体的信息时，即为信息泄露。信息泄露在一定程度上削弱了供应链参与者之间达成信息共享机制的积极性，有时甚至会造成整条供应链的断裂。针对当前供应链信息共享过程中存在的信息泄露难题，研究了由一个供应商和两个企业组成的古诺竞争模型，其中市场需求具有不确定性。研究发现，供应商泄露订货量信息的行为与企业的订货量有关。与只有收益共享契约、销售成本为零的情况相比，当销售成本不为零的时候，供应商泄露企业订货量信息的订货量区间变小。在市场中引入多个供应商，不仅可以阻止供应商泄露信息，还可以控制企业获取不正当信息的行为。通过分析可知，企业的订货量可以在一定程度上影响供应商泄露信息的行为，当企业的订货量达到一定水平时，供应商出于自身利益的考虑，是不会将信息泄露给另一个竞争企业的；但是一旦在这个范围之外，供应商为了获得更多的利益，就会不顾信息共享机制的原则，把信息泄露给其他的企业。随着引入新的供应商，企业有了更多的供应商选择机会，竞争企业存在和其他供应商合作的可能。即使供应商泄露企业的需求信息，竞争企业也有拒绝接收信息的可能。本章的研究为信息共享机制建立提供了一定的探讨空间和改良建议。

第 8 章　供应链运营中企业与政府合作策略博弈分析

新时期，我国企业供应链发展和完善在面临新机遇的同时，也有许多亟待解决的问题。《中国制造 2025》中明确指出，制造业的转型升级要依靠企业自身自觉的发展，要促进企业之间的合作，使企业在实践中寻求更加合理的转型路径和策略。企业要积极抓住机遇，融入国家经济发展战略过程，积极实施智能化改造，借助互联网技术的发展，打造企业发展新动力，创造企业发展新活力，树立企业竞争新优势，共同推动我国企业走向世界。

我国企业发展升级过程中离不开政府的支持。例如，河南省政府 2017 年印发了《河南省装备制造业转型升级行动计划（2017—2020 年）》，提出了以中信重工为龙头，建设洛阳、新乡矿山成套装备产业集群；以郑煤机、平煤机和平煤神马机械装备为龙头，建设郑州、平顶山煤矿成套装备产业集群；以卫华集团、焦作科瑞森为龙头，建设焦作输送设备、长垣起重及矿山装备产业集群。河南省拥有多家实力雄厚的制造企业，其中郑州宇通客车股份有限公司是一家集客车产品研发、制造与销售为一体的大型制造企业；洛阳中信重工机械股份有限公司则积极响应国家政策，成为首批国家级"双创"示范基地、世界最大的创业装备和水泥装备制造商。这些企业都在政府和金融机构的帮助下，利用政府资金支持，积极掌握行业前沿技术，作为技术创新、产业升级的来源。近年来，在企业的发展过程中，政府发挥了巨大的作用，特别是在行业升级和行业创新的过程中，政府政策和法案为企业的升级创新提供了政策、法律以及资金上的保障。

8.1　企业与政府合作模型构建与分析

企业充分利用国家政策上的支持，争取政府财政上的支持，是加快企业改革与转型升级的基础。在企业与政府的合作过程中，政府掌握政策和财政支持的决定权，企业掌握自身经营情况，政府和企业之间存在信息不对称。信息不对称会引起企业为了取得政府的支持，故意隐瞒自己经营过程中的不利因素；同时在政府选择支持企业时，也会因为信息不对称，浪费大量人力、物力。在上述问题和风险存在前提下，结合相关理论和实际研究，提出供应链运营过程中企业和政府间的委托代理模型，其中企业是委托人，政府机构是代理人。新时代、新经济环境下，企业正积极引入国际制度和技术，努力拓展国际市场，大力进行产业链的升级与改革。然而企业无法独立有效实施自己对于产业链改革的设想，需要政府在政策和资金方面支持。企业在向政府提供信息争取支持的过程中，往往会存在一定信息隐瞒行为，政府在支持企业发展过程中存在政策和资金的投入风险；企业在市场上存在产品竞争对手，在争取政策和资金支持的过程中，也存在被替代的风险。本节是在信息不对称情况下设计委托代理模型。假设企业通过向政府反映自己的合理策略，委托政府机构根据其市场和技术实际情况，支持其产业升级和改革方案付诸实际，且每一家企业都有反映自己策略的权利，由于诉求主体之间存在竞争与合作关系，因此策略之间也存在竞争与合作关系。

假设在委托代理模型中，企业参与产业升级改革，有多个企业将自己的改革计划决策权委托给政府，在这个过程中企业之间存在相互竞争，每个企业都从自身利益出发，寻求最适合自己的改革方案；政府拥有改革计划实施的整体决策权。在这个委托代理模型中，委托人（提出改革计划的企业）有多个，代理人（拥有决策权的政府机构）只有一个，且代理人的改革策略行为同时受多个委托人策略的影响，委托人对各种改革策略的偏好有所不同。这是一种特殊的委托代理关系，扩展了传统的双边委托代理理论，即多委托人和单代理人的共同委托代理关系，如图 8.1 所示。

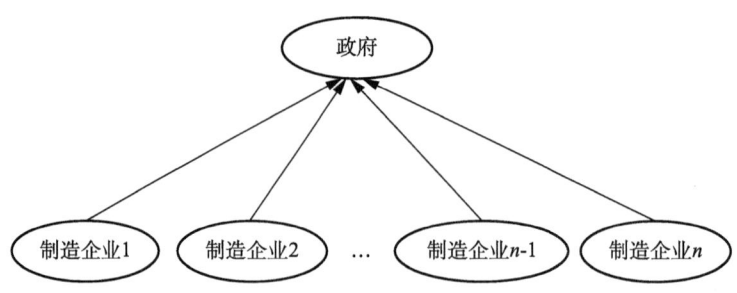

图 8.1　供应链中企业和政府间关系

假设企业和政府都是风险中性的理性经济人。在政府政策和财政支持条件有限的条件下，企业将通过衡量政府选择其改革策略后为其带来的收益与其在产业改革过程中所付出努力成本的大小关系，来决定自己对政府承诺在产业升级过程中将付出的努力程度，作为其激励政府选择其建议的因素。

8.1.1　企业与政府委托代理模型构建

基于上述分析，构建企业和政府的共同委托代理模型。

1) 首先考虑提出改革计划的每个企业即委托个体的效用水平。在共同代理模型中，每一个企业个体效用水平不仅取决于企业所得到的政府对实施诉求计划的支持程度，还与每个企业为激励政府机构选择和实施其改革计划所付出努力有关。

设企业 i 的效用函数为：

$$W_i = U_i(q) - T_i, \quad i \in N \tag{8.1}$$

其中，W_i 代表企业的效用；$U_i(q)$ 是企业所提出改革计划得到实施后所得到的收益；T_i 代表企业为使政府采用其改革计划所付出的努力成本，即对政府机构的激励；q 代表政府实施企业改革计划的努力程度。

2) 考虑政府机构接受企业改革计划后，进行改革实施所要付出的成本和新改革方案所带来的效益。

假设政府机构推行新改革计划的总成本为 $\theta C(q)$，其中 $C'(q) > 0$，

$C''(q)>0$，而且 $\theta \in [\underline{\theta}, \overline{\theta}]$。$\theta$ 是企业的私人信息，表示政府的类型。企业不知道政府的具体类型，例如当地政府是否在规划、协调、组织等方面的引导作用发挥优秀，是否积极促进企业在投入、研发、运用等方面的主体作用，激发地方积极性，形成多主体、多方面的资金投入渠道和多元化的组织实施体系。企业和政府都知道政府类型 $G(\theta)$ 是在 $[\underline{\theta}, \overline{\theta}]$ 上的分布函数，且有连续的密度函数 $g(\theta)$。

设政府所接受并付出努力的计划集为 $\{T_i\}_{i=1}^n$，政府采纳企业改革策略后得到的收益可表示为：

$$\Pi(A,\theta) = \sum_{j \in A} T_j - \theta C(q) \tag{8.2}$$

其中，A 是所有改革计划被采用的企业集合。假设：

$$\exists_q > 0: \sum_{j=1}^n U_j(q) - \overline{\theta} C(q) - N \cdot \frac{F(\theta)}{f(\theta)} C(q) > 0$$

表明无论企业改革计划带来的成效如何，都会有一个社会剩余，即改革总会带来一定的效益。其中 $N \cdot \dfrac{F(\theta)}{f(\theta)} C(q)$ 为固定成本。

3）建立企业和政府的共同委托代理模型。

$$\max E(W_i) = \max(U_i(q) - T_i) \tag{8.3}$$

$$q^A(\theta) \in \operatorname{argmax}_{ij} \left[\sum_{j \in A} T_j - \theta C(q) \right]$$

$$\left[\sum_{j \in A} T_j - \theta C(q) \right] \geq 0$$

将企业和政府博弈的纳什均衡表示为 $(\{T_i\}_{i=1}^n, A, q^A)$，在博弈的最后阶段，给定 $\{T_i\}_{i=1}^n$，政府将选择最优的改革办法 g^A，A 表示计划被采纳的制造企业集，对激励相容约束求导得到：

$$\sum_{j \in A} T'_j(q^A) = \theta C'(q^A)$$

在现实中，企业的努力程度是不相同的，下面将在信息不对称的条件下，对纳什均衡的结果进行分析。

假设每个企业的努力程度是不对称的，每个制造企业的最大化期望收益可以表示为：

$$\max_{(\theta,\hat{\theta})}(U_i(q) - T_i) = \max_{(\theta,\hat{\theta})} E[U_i(q(\theta)) + \sum_{j \in A, j \neq i} T_j(q(\theta)) - \theta C(q(\theta)) - \Pi(A,\theta)]$$

当达到均衡时，有 $\Pi(A, \theta) \geqslant [0, \Pi(N-i, \theta)]$，其中 $\theta \in [\underline{\theta}, \overline{\theta}]$，即政府不接受企业 i 的改革计划而接受其以外的改革计划或拒绝所有改革计划，都不会取得更好的效益。

假设 $T_i > 0$，则均衡时可得到：

$$T'_i[q^A(\theta)] = U'_i[q^A(\theta)] - \frac{G(\theta)}{g(\theta)} C'[q^A(\theta)]$$

$$\sum_{j \in A} U'_j[q^A(\theta)] = [\theta + |A| \cdot \frac{F(\theta)}{f(\theta)}] C'(q^A(\theta)) \Pi(A,\theta) = \int_{x=\theta}^{\overline{\theta}} C[q^A(x)] dx > 0$$

其中，$|A|$ 表示改革计划被接受且实施的企业集 A 中企业的数量。对政府而言，当其类型为 $\theta < \overline{\theta}$ 时，可以得到正的收益。

8.1.2 企业与政府委托代理模型分析

在均衡的情况下，对结论进行如下分析：

(1) 在纳什均衡时，对于任何的 $A \subset N$，都有如下结论

$$E[U_i(q^A(\theta)) + \sum_{j \in A, j \neq i} T_j(q^A(\theta)) - \theta C(q^A(\theta))] \geqslant$$

$$E[U_i(q^A(\theta)) + \sum_{j \in A, j \neq i} T_j(q^A(\theta)) - \theta C(q^A(\theta))]$$

1) 可以看出，执行集合 A 中任何一个企业的改革计划，都会使此企业的期望效用达到最大。因此，企业将积极努力促使政府能够采取其计划进行改革。这一方法调动了企业在改革中的积极性，使其有动力参与改革。

2) 集合中每个企业的改革计划，同样会使政府得到最大化的期望收益。如果有事前参与约束，政府机构则可以从中得到正的收益。

(2) 在纳什均衡时，$A(\theta'') \subseteq A(\theta')$，$\theta'' > \theta'$

在信息不对称的情况下，每个企业要支付一定的信息租金。当政府是低效率的时候，就会由于信息租金的增多而削减了改革为社会带来的效益。

这表明信息租金的存在一定程度上削弱了改革计划带来的社会效益，

使一些好的改革计划无法被实施。在这种情况下，对于制造企业来讲，"搭便车"是最优的选择。因为它们可以在不付出努力的情况下，得到更多的收益。这便削弱了企业参与制造业产业升级的积极性。特别是当促使政府选择和实施改革计划的成本很高时，几乎没有企业愿意付出努力促进整个行业的发展。

(3) 在纳什均衡时，对于每个 θ 和 $q^A(\theta)>0$，都有如下结论

1) 如果 $A<N$，对于任何的 $j\in A$ 和 $k\notin A$，都有 $U'_j(q^A)>U'_k(q^A)$。

2) 对于所有的 j，$U_j(\cdot)=U(\cdot)$，那么 $A=N$。

如果不是某个行业内的企业都努力，则它们有异质的偏好，政府希望与拥有高价值的企业签约，得到较好的改革计划。另外，如果企业拥有同质的偏好，则政府会和行业内企业达成协议，但此结论在现实中是不可能实现的。

(4) 改革中企业数量对企业改革动力的影响

在改革过程中，提出改革计划的制造企业数量 N，也将对改革动力产生影响。

1) 如果有 N 个企业同时提出一个相同的改革计划，且有一个企业为此计划的实施不断付出努力，那么就有 $(N-1)$ 个企业可以"搭便车"。提出同一个改革计划的企业越多，"搭便车"的现象就会越严重。所以在某个行业改革过程中，应尽量鼓励每家企业提出切合自己生产经验和销售情况的改革计划，而不是照搬照抄，提出千篇一律的改革计划。

2) 如果有 N 个企业改革计划都被采用，但实施过程中只有一家企业为改革计划的实施不断努力，则其通过改革计划所带来收益只是总收益的 $1/N$。可以看出，获得收益的制造企业数量越多，提出改革计划的动力就会越弱，存在着激励不足的问题。因此，在提倡鼓励企业积极提出改革计划的同时，也要为其提供足够的激励动力，使其能够积极参与改革实施过程。参与改革的企业越多，信息不对称问题就会越严重，也会相应产生一些不利于改革的因素。

8.2 本章小结

供应链运营过程中,信息不完整性与不对称性引发政府和企业合作过程中的风险。只有通过设计合理的博弈方案和激励机制,促使企业最大限度地提供切实可行方案,同时加强政府与企业间合作,通过建立合理的委托代理模型,处理好政府和企业之间政策指导性关系,处理好改革成本和收益关系,才能促进供应链运营中企业的良好经营。

第 9 章　总结与展望

9.1　研究总结

随着全球经济发展迅速和竞争加剧，有实力的企业能够在白热化竞争中处于优势地位，缘于它们将供应链运营管理视为企业管理的核心，将供应链管理从一种应用工具发展成了企业的战略资源和战略决策。特别是在 2008 年全球金融危机爆发以后，全球经济发展放缓。与此同时，互联网、移动终端、3D 打印技术等新技术和新商业模式的产生，使得市场格局更加错综复杂。企业在新形势中寻找出路，很多纵横市场的企业在新市场中败下阵来，没能跟上时代的潮流，没有在供应链运营中注入新的元素。当今市场中供应链已经不是一条简单的生产线，它摆脱了当年简单运作形式，发展成为一个立体的网状结构体系。供应链体系中不仅有单条供应链上企业间的竞争与合作，供应链之间也存在着竞争与合作。供应链管理从最初的管理方式和方法，发展成了企业长期的战略指导和战略资源，成为企业成功道路上不可缺少的一部分。企业的发展与供应链管理决策紧密融合。

随着时代变迁，供应链运营管理焕发出新的生命气息。在供应链运营过程中，有些特征是不会改变的，它是供应链管理的根本所在。如供应商选择、企业研发、产品营销、市场开发等，这些是供应链运营管理过程中永远存在的关键问题。供应商的出现为企业生产带来了新的活力和新的形式，早期供应商介入的最好境界就是供应商不仅可以为企业提供其所需的原料和产品，还能为其提供新技术和新原料，使得企业可以更快更准地获得市场动态和行业变革信息。供应商在供应链的运营和管理过程中，发挥着重要的作用，其不仅可以为企业提供物力和财力，还能在当今信息时代,帮企业搜集市场和消费者的信息。供应链的竞争不仅包括各个环节上企业的竞争,还包括不同供应链之间的竞争。企业在选择供应商的时候,要确保供应链中各个环节上的供应商具有较高的能力和素质,任何一个环节上出现缺陷都可能给企业造成无法弥补的损失。现今,企业和供应商在市场中扮演着越来越复杂的角色。企业为了确保自己在消费市场上的竞争优势,开始将一些技术和零部件外包给供应商,随着外包的不断发展,外包的内容也从非核心技术扩展到了核心技术。这就要求企业在选择供应商的时候要更加地谨慎和仔细,一旦建立了良好的联盟,就要努力去维持。供应商在给企业提供外包服务的过程中不断地成长和发展,慢慢从零部件的初级市场扩展到了消费品市场,供应商在发挥其本职作用的同时,也慢慢成了企业的竞争对手。有产品竞争关系的企业间也出现了新的合作形式,企业从终端产品市场逐步向批发市场或者科研机构发展。可以看出,随着供应链的不断发展,企业间竞争与合作的形式越来越复杂。供应链之间的竞争,是企业在整个生存过程中的竞争,不仅涉及生产最初的供应商选择,还涉及产品的研发、产品的广告,以及产品新市场扩展。而在产品的研发过程中,企业也面临着不同的选择策略。因为随着科技的发展,企业可以将研发外包给供应商,而此时的供应商又可能是企业的竞争对手。企业所面临的问题日趋复杂。

  本书结合上述供应链发展中所遇到的问题和困难,以市场供应链运营中的企业为主体,研究了企业在供应商选择、产品研发、广告营销、市场扩展等方面所遇到的问题,不仅考虑企业自身的特点和因素,还考虑竞争对手的策略选择。这是一个企业自我决策和企业间相互博弈共存的过程。企业存在于一个相对的环境中,不仅自己的决定会影响企业的发展,对手的决策同样会影响企业之间的竞争。本书假设了两个在市场上有产品相互竞争的企业,它们在消费市场中有可相互替代的产品,同时它们也是某种原材料或者零部件的供应商。

  首先,在产品生产的初级阶段,企业要为自己选择合适的供应商。此时,它要在第三方供应商和竞争对手之间做出选择。第三方供应商和竞争对手提供的零部件可能是完全可替代的零部件，也可能是存在着差异的零部件。第三方供应商和竞争对手根据自己的生产成本为零部件定价，企业则通过权衡各方面的指标进行供应商选择。当企业和第三方供应商合作的时候，企业的自主能力比较强，有较大的灵活性，但是第三方供应商会因为追求自己的利益而进行过高的定价。当企业和竞争对手合作的时候，适当的合作降低了企业之间的激烈竞争，但也使企业一定程度上依附于自己的竞争对手，失去部分自主权。但是合作联盟的建立，会对供应链的发展起到积极的作用。文中通过建立不同条件下的供应商选择模型，讨论了当竞争对手可以提供零部件、企业在面对不同供应商提供完全可以替代的零部件或者提供存在差异的零部件的时候，企业如何做出正确的选择。当零部件来自不同类型的供应商且存在差异的时候，企业在考虑零部件批发价格的同时，还要考虑零部件的差异因素所带来的相关产品或者是需求的变化。因为质量较高的零部件或者先进的零部件有利于生产出更加优秀的产品，从而使得企业在市场中占有更多的市场份额。本书对以上几种情况进行了分析和讨论，并对不同的情况进行比较，指出不同条件下企业该如何选择供应商以获取更多的利益。供应商的选择是维护供应链良好运行的第一步，一个合适的供应商有利于供应链合作联盟的建立。供应链合作联盟建立起来以后，企业对供应商的管理也非常重要。但由于在市场中，信息往往是不对称的，供应商往往会通过隐藏自己的私人信息以获得更多的信息租金。企业希望可以将零部件生产交给能力适合的供应商，因此希望供应商提供其全部信息。本书建立了企业和供应商之间的委托代理模型，在供应商选择模型的基础上加入了信息不对称的讨论，企业通过给出一阶段合同、两阶段合同和事前审核等办法，希望供应商可以反映其真实信息，以更好地促进双方的合作，稳固供应链合作联盟。

  企业在完成原料及零部件采购工作后，就进入了产品生产阶段，在这个过程中企业要考虑怎样加强自己在市场中的地位，通过一些手段提高企业自身竞争力。企业提高自身竞争力的方法有很多，如不断开发新产品、产品功能的研发、广告的宣传、企业社会形象的树立等，这些都可以在市场中提高企业的竞争能力。产品研发是当今市场中企业提高产品竞争力的主要手段,包括不同的类型,如新产品的开发、新技术的应用、产品新功能的研发等。在早期的市场竞争中,企业往往将产品研发过程保留在自己企业中,把它看作击败对手的秘密武器,不能和供应商分享,不会让供应商参与。然而企业资金与能力的有限性,使其在研发的开始阶段表现积极和有力,但是随着研发过程中资金和人力的投入,企业往往会觉得力不从心,从而使得很多产品研发没有取得应有的成果,或者是将产品研发的时间周期拖长,从而错过了进入市场的先机。随着供应链运营的不断加强,企业开始尝试着将产品研发和零部件生产一起交给供应商来完成,通过和供应商的合作,使得研发的后备力量更加的充足。伴随着研发过程的外包,企业的核心技术也会相应外包,这样就会在一定程度上削减企业产品的独特性。如果企业将产品研发随着零部件采购一起外包给供应商,供应商将会拥有企业的相关核心技术,从而在一定程度上拥有了更多的发言权;如果外包给企业的竞争对手,则会造成产品的可替代程度增加,从而加剧产品在市场中的竞争。本书充分考虑了企业从竞争对手处采购零部件的同时,将产品研发同时外包给竞争对手或者仍然自己研发的情况,讨论了不同的选择策略下产品特性和企业收益的变化。且考虑了当企业对产品研发外包信息保密和泄露的情况下,消费者的不同反应给企业带来的不同结果。在企业通过其他方式来降低产品竞争的情况下,讨论了企业和竞争对手的行为与取得的成效。提出了企业在提高自身竞争能力的时候,面对不同方式和方法的策略选择问题。文中描述了两个相互竞争的公司在面对产品研发和广告宣传时的博弈过程。在分析过程中,同时考虑了企业产品完全占领市场和不完全占领市场两种情况,且发现产品的市场占有度同样会影响企业策略选择。当竞争对手采取一定的措施时,企业往往会给予相同的反应,然而有时候企业不采取行动反而能得到更好的结果。

在产品没有完全占领市场的情况下,企业要积极扩展新的市场,将产品推进到更加广阔的市场。企业产品随着研发过程的深入,具有了新的功能和新的消费群体。企业在进入新市场的时候,往往无法得知市场需求的准确信息。企业可以通过和供应商建立信息共享联盟去获得更多的市场信息，或者通过付出相对的人力和物力，得到市场的需求信息。信息共享是供应链联盟建立的基础，企业和供应商通过信息共享，不仅可以相互交换和了解市场的需求信息与市场行情波动信息，还可以掌握更多的有关产品的信息，如成本、价格、技术更新等。在当今大数据盛行的市场中，信息共享是时代的要求，是不可改变的发展趋势。但是在信息共享过程中，同时伴随着信息泄露，在一定程度上削弱了供应链合作联盟建立的积极性，有时甚至造成供应链运营的断裂。本书假设市场中存在两个产品相互竞争的企业，它们可以从同一个供应商处采购让自己产品具有新功能的零部件，在零部件的采购过程中往往存在信息泄露问题。两个企业在市场中处于不同的地位，在位企业往往因为较早进入市场实力较强，从而拥有更多的市场信息。在其向供应商的订货过程中，则将市场信息和供应商共享，供应商则有可能将市场信息泄露给竞争对手。文中分别考虑了存在销售成本和存在其他潜在供应商的情况下，企业和供应商之间的信息泄露情况。研究发现，在位企业订货量的大小可以影响供应商信息泄露的动机和行为；在一定的订货区间内，供应商在不泄露信息时可以获得更多的收益，这就有可能避免信息泄露。而当市场中存在其他潜在供应商的时候，企业选择供应商的范围变广，不再追逐泄露的市场信息，不仅可以避免新进企业对信息的迫切要求，还能削弱供应商泄露信息的动机，有利于建立起良好的供应链运营环境。

  本书以供应链运营过程中有产品竞争关系的企业为研究主体，以供应链中产品生命周期的不同阶段为划分点，以供应链运营管理为出发点，讨论了两个有竞争关系的企业在供应链的各个环节上的竞争与合作，包括产品的供应商选择、产品生产、产品研发营销以及对新市场的扩展。当两条供应链之间相互竞争的时候，企业不仅要考虑自身的策略选择，还要考虑竞争对手的选择。随着供应链的发展，供应链运营过程中会出现更加复杂问题，如果不能科学合理地解决这些困难，供应链就无法良好地运行。

9.2 研究不足与展望

本书通过研究有产品竞争关系的企业在供应链各个环节中的竞争与合作，从不同的视角出发，研究了企业在供应链的各个阶段的任务与责任，指出在当今供应链之间相互竞争的市场中，企业之间的竞争更加剧烈，合作更加紧密，面对的问题也越来越复杂。从细微处出发，将产品的生命周期分为几个阶段，在不同的阶段分别研究了企业和企业、企业和供应商之间的竞争与合作，使得问题更加具体化和形象化。但是在研究过程中，由于笔者知识覆盖面和掌握的方法有限等，使得本书仍然存在一些不足。第一，本书研究有竞争关系企业之间的竞争与合作，文中假设的竞争企业只有两个，这个条件使得研究主体的范围缩小，在一定程度上简化了研究的复杂程度。而现实中，市场中能生产替代产品的企业远远多于两个，这样使得问题更加的复杂。第二，本书在研究企业间的决策和博弈的时候，研究状态是静止的，如果研究企业间的动态博弈，将会使得文章更加有趣。第三，在计算过程中，为了简化计算，往往将一些变量设为外生变量，如果将其转化成决策变量，将会使得研究更加完善。

针对上面研究过程中存在的不足，在今后的研究中将从这些问题出发，更好地研究现实中的案例，使研究的结果可以更好地为实践服务。首先，通过对供应链更加透彻地学习和了解，将整条供应链进行更加精细的划分。从更加细微的方面找出现实供应链管理过程中存在的问题。对问题进行整理和归类，将现实中的问题进行升华和抽象化，用合适的学术语言来描述问题，并找出科学的理论和方法对问题进行研究。因为供应链和人类的生活息息相关，在人类社会不断发展的过程中，供应链会不间断地涌现出不同的问题。对供应链的研究要细化到每个点，具体到每个时刻，这样研究的问题才能更加具有科学性。其次，将竞争企业和供应商的个数都普遍化，不再对单个企业的特点和责任进行研究，而是从整体出发，使得研究更加具有普遍性。从两个企业之间简单的竞争与合作，扩展到多个企业之间的竞争与合作，更加具有现实性。这样的研究将使得整个供应链体系网状结构更加丰富和饱满,使得整个市场的关系更加紧密。再次,在今后的研究中,还将对信息论方面的问题进行更好的研究和讨论。在当今大数据繁荣时期,市场和企业的发展离不开信息理论,信息共享、信息泄露、信息不对称等问题时时刻刻充斥在商品交换市场之中。信息不再是单纯的一些符号或者数字,其中还蕴含着大量的问题与商机。在以后的研究中,将重点讨论信息论与供应链的关系,使得研究更加具有时代气息,更加具体与现实。最后,还要不断地学习新的理论和方法,努力将新的理论和方法引入供应链的研究过程中,为供应链的研究带来新的生机。

参考文献

[1] Abad, Prakash L. Supplier pricing and lot sizing when demand is price sensitive[J]. European Journal of Operational Research, 1994, 78: 334-354.

[2] Agrell P J, Lindroth R, Norman A. Risk, information and incentives in telecom supply chains[J]. Internal Journal of Production Economics, 2004, 90: 1-16.

[3] Aissaoui N, Haouari M, Hassini E. Supplier selection and order lot sizing modeling: A review[J]. Computter & Operations Research, 2007, 34: 3516-3540.

[4] Akarte M M, Surendra N V, Ravi B, Rangaraj N. Web based casting supplier evaluation using analytical hierarchy process[J]. Journal of the Operational Research Society, 2001, 52(5): 511-522.

[5] Alavi M, Leidner D E. Knowledge management and knowledge management systems: Conceptual foundations and research issues[J]. MIS Quarterly, 2001, 25 (1): 107-136.

[6] Anand K S, Goyal M. Strategic information management under leakage in a supply chain[J]. Management Science, 2009, 55(3): 438-452.

[7] Anbarci N, Lemke R. Inter-firm complementarities in R&D: a re-examination of the relative performance of joint ventures[J]. International Journal of Industrial Organization, 2002, 20(2): 191-213.

[8] Anderson E T, Simester D. Advertising in a competitive market: The role of product standards, customer learning, and switching costs[J]. Journal of Marketing Research, 2013, 50(4): 489-504.

参考文献

[9] Arntzen B C, Brown G G, Harrison T P and Trafton L L. Global supply chain management at digital equipment corporation[M]. Interfaces, 1995, 25: 69-93.

[10] Arrow K. Aspects of the theory of risk bearing[M]. In: Essays in the Theory of Risk Bearing, Markham, Chicago, 1965.

[11] Aubert B A, Rivard S and Patry M. A transaction cost model of IT outsourcing[J]. Information & Management, 2004, 4: 912-932.

[12] Avery C, Christine J, Richard A P, Alvin E R. The market for federal judicial law clerks [J]. University of Chicago Law Review, 2001, 68: 793-902.

[13] Aviv Y, Federgruen A. The operation benefits of information sharing and vendor managed inventory programs [R]. Washington University Working Paper, 1998.

[14] Aviv Y. The effect of forecasting capability on supply chain performance[R]. Olin School of Business Working Paper, 1999.

[15] Bacharach S B, Lawler E J. Bargaining, power, tactics and outcomes [M]. San Franciso: Jossey-Bass, 1981.

[16] Barla S B. A case study of supplier selection for lean supply by using a mathematical model [J]. Logistics Information Management, 2003, 16(6): 451-459.

[17] Barney J B. How a firm's capabilities affect boundary decisions[J]. Sloan Management Review, 1999: 137-145.

[18] Bayazit O. Use of analytic network process in vendor selection decisions[J]. Benchmark: An International Journal, 2006, 13(5): 566-579.

[19] Baye M R, Morgan J. Brand and price advertising in online markets [J]. Management Science, 2009, 55(7): 1139-1151.

[20] BBC News. Apple sues Samsung for "copying" iPhones and iPad[Z]. BBC News 2011, April 19.

[21] Benson, Bruce L. Loschian competition under alternative demand conditions[J]. American Economic Review, 1980, 12: 1098 – 1105.

[22] Bernstein F, Federgruen A. Pricing and replenishment strategies in a distribution system with competing retailers[R]. Columbia University Working Paper, New York, 1999.

[23] Blumberg D F. Strategic assessment of outsourcing and downsizing in the service market[J]. Management Service Quality, 1998, 8: 5 – 18.

[24] Brandenburger A M, Nalebuff B J. Co – opetition[M]. New York: Doubleday Currency, 1996.

[25] Breitman R L, Lucas J M. PLANTS: A modeling system for business planning[M]. Interfaces, 1987, 17: 94 – 106.

[26] Burdett K, Shi S, Wright R. Pricing with frictions[M]. Manuscript, University of Pennsylvania, 1997.

[27] Cachon G P, Lariviere M A. Contracting to assure supply: How to share demand forecasts in a supply chain[J]. Management Science, 2001, 47(5): 629 – 646.

[28] Cachon G P, Lariviere M A. Supply chain coordination with revenue – sharing contracts: Strengths and limitations[J]. Management Science, 2005, 51(1): 30 – 44.

[29] Cachon G P. Supply chain coordination with contracts[J]. Handbooks in Operations Research and Management Science, 2003, 11: 227 – 339.

[30] Cachon G P. Supply chain coordination with contracts[M]. Handbooks in ORGMS. Elsevier Amsterdam, 2003: 229 – 339.

[31] Cachon G, Fisher M. Supply chain inventory management and the value of shared information[J]. Management Science, 2000, 46(8): 1032 – 1048.

[32] Cairns R. An application of depletion theory to a base metal: Canadian nickel[J]. This Journal, 1981, 14: 635 – 648.

[33] Canel C K, Khumawala B M. A mixed – integer programming ap-

proach for the international facilities location problem[J]. International Journal of Operations & Production Management, 1996, 16: 49 - 68.

[34] Canel C K, Khumawala B M. Multi - period international facilities location: An algorithm and application[J]. International Journal of Production Research, 1997, 35: 1891 - 1910.

[35] Capozza, Dennis, Robert V O. A generalized model of spatial competition[J]. American Economic Review, 1978, 12: 896 - 908.

[36] Casani F, Luque M A, Luque J, Soria P. La problematical del outsourcing[M]. Economist, 1996, 72: 86 - 98.

[37] Chan F T S, Chan H K, Ip R W L, Lau H C W. A decision support system for supplier selection in the airline industry[J]. Proceedings of the Institution of Mechanical Engineers Part B—Journal of Engineering Manufacture, 2007, 221(4): 741 - 758.

[38] Chan F T S, Chan H K. Development of the supplier selection model—A case study in the advanced technology industry[J]. Proceedings of the Institution of Mechanical Engineers Part B—Journal of Engineering Manufacture, 2004, 218(12): 1807 - 1824.

[39] Chan F T S. Interactive selection model for supplier selection process: An analytical hierarchy process approach[J]. International Journal of Production Research, 2003, 41(15): 3549 - 3579.

[40] Chan, Chi K, Kingsman, Brian G. Coordination in a single - vendor multi - buyer supply chain by synchronizing delivery and production cycles[J]. Transportation Research Part, 2007, 42: 90 - 111.

[41] Chappell L. Nissan, Daimler planners confer weekly on more deals [J]. Automotive News, 2012, 86(6512).

[42] Chen C T, Lin C T, Huang S F. A fuzzy approach for supplier evaluation and selection in supply chain management[J]. International Journal of Production Economics, 2006, 102(2): 289 - 301.

[43] Chen F, Federgruen A, Zheng Y. Coordination mechanism for decentralized distribution systems with one supplier and multiple retailers[J]. Management Science, 2001, 47(5): 693 - 708.

[44] Chiang C W, Fitzsimmons J, Huang Z, Li Susan X. A game theoretic approach to quantity discount problem[J]. Decision Sciences, 1994, 25(1): 153 - 168.

[45] Clemons E K, Hitt LM. Poaching and the misappropriation of information: An analysis of relationship risks in information - intensive production[R]. Working Paper, University of Pennsylvania.

[46] Cohen M A, and Lee H L. Resource deployment analysis of global manufacturing and distribution networks[J]. Journal of Manufacturing and Operations Management, 1989, 2: 81 - 104.

[47] Corbett C J, Groote X. A supplier's optimal quantity discount policy under asymmetric information[J]. Management Science, 2000, 46(3): 444 - 450.

[48] Corbett C J, Zhou D, Tang C S. Designing supply contracts: contract type and information asymmetry[J]. Management Science, 2004, 50: 550 - 559.

[49] Corbett C, Karmarkar U. Competition and structure in serial supply chains[J]. Management Science, 2001, 47(7): 966 - 978.

[50] Cutcher - Gershenfeld J, Mckersie R B, Walton R E. Pathways to change: Case studies of strategic negotiations[M]. W. E. Upjohn Inst. for Employment Res., Kalamazoo, MI, 1995.

[51] Dada M, Srikanth K N. Pricing policies for quantity discounts[J]. Management Science, 1987, 33(10): 1247 - 1252.

[52] Dai, T L, Qi X T. An acquisition policy for a multi - supplier system with a finite - time horizon[J]. Computers and Operations Research, 2007, 34: 2758 - 2773.

[53] Dasgupta P S and Heal G M. Economic theory and exhaustible resources[M]. Cambridge: Cambridge University Press, 1979.

[54] Dasu S, Torre J. Optimizing an international network of partially owned plants under conditions of trade liberalization[J]. Management Science, 1997, 43: 313 - 333.

[55] Davenport T H, Prusak L. Working knowledge: How organizations manage what khey Know [M]. Harvard Business School Press, Boston, MA, 1998.

[56] De Boer L, Labro E, Morlacchi P. A review of methods supporting supplier selection[J]. European Journal of Purchasing & Supply Management, 2001, 7: 75 - 89.

[57] Deshpande V, Schwarz L B, Atallah M J, Blanton M, Frikken K B, and Li J. Secure collaborative planning, Forecasting and Replenishment(SCPFR)[R]. Working Peper, Purdue University.

[58] Digital Life. Leica goes digital[J]. Digital Life, 2007, February 6.

[59] Dolan R, Frey J B. Quantity discounts: Managerial issues and research opportunities/ commentary/ relpy[J]. Marketing Science, 1987, 6(1): 1 - 24.

[60] Domingo - Ferrer, Sebe F and Castella_ Roca J. On the security of noise addition for privacy in statistical databases[J]. Lecture Notes in Computer Science, 2004, 3050: 149 - 161.

[61] Dornier P P, Ernst R, Fender M and Kouvelis P. Global operations and logistics: Text and case[M]. John Wiley & Sons, Inc, New York, 1998.

[62] Duenyas I, Hopp W, Bassok Y. Production quotas as bounds on interplant JIT contracts[J]. Management Science, 1997, 43(10): 1372 - 1386.

[63] Dutta S, Narasimhan O, Rajiv S. Success in high - technology markets: Is marketing capability critical? [J]. Marketing Science, 1999, 18(4): 547 - 568.

[64] Dye R, Sridhar S. Investment implications of information acquisition and leakage[J]. Management Science, 2003, 49(6): 767 - 783.

[65] Dyer J H, Singh H. The relational view: Co – operative strategy and sources of inter – organizational competitive advantage[J]. Academy of Management Review, 1998, 23: 660 – 679.

[66] Epple D, Hansen L P. An econometric framework for modeling exhaustible resource supply[J]. The Economics of Exploration for Energy Resources, 1981.

[67] Epple D. The econometrics of exhaustible resource supply: A theory and an application[M]. In Energy, Roresight, and Strategy ed. T, J Sargent (Resources for the Future), 1985.

[68] Erhum F, Keskinocak P, Tayur S. Spot markets for capacity and supply chain coordination[R]. Carnegie Mellon Working Paper, 2000.

[69] Fagiolo G, Dosi G, Gabriele R. Matching, bargaining, and wage setting in an evolutionary model of labor market and output dynamics[J]. Advances in complex systems, 2004, 7(2): 157 – 186.

[70] Farrow S. Testing the efficiency of extraction from a stock resource [J]. Journal of Political Economy, 1985, 93: 452 – 487.

[71] Ferdows K. Makeing the most of foreign factories[J]. Harvard Business Review, 1997, 75: 73 – 88.

[72] Fisher M, Raman A. Reducing the cost of demand uncertainty through accurate response to early sales[J]. Operations Research, 1996, 44: 81 – 99.

[73] Florez – Lopez R. Strategic supplier selection in the added – value perspective: A CI approach[J]. Information Sciences, 2007, 177(5): 1169 – 1179.

[74] Ford D, Farmer D. Make or buy – a key strategic issue[J]. Long Range Planning, 1986, 19: 54 – 62.

[75] Fosfuri A, Giarratana M S. Masters of war: Rivals' product innovation and new advertising in mature product markets[J]. Management Science, 2009, 55(2): 181 – 191.

[76] Freeland J R. Coordination strategies for production and marketing in a

functionally decentralized firm[J]. AIIE Transactions, 1982, 12: 126-132.

[77] Gainey T W, Klaas B S. The outsourcing of training and development: Factors impacting client satisfaction[J]. Journal of Management, 2003, 29: 207-229.

[78] Gallini N, Lutz N. Dual distribution and royalty fees in franchising[J]. The Journal of Law, Economics and Organizetion, 1992, 8: 471-501.

[79] Gal-Or E, Geylani T, Dukes A J. Information sharing in a channel with partially informed retailers [J]. Marketing Science, 2008, 27(4): 642-658.

[80] Gardete P M. Cheap-talk advertising and misrepresentation in vertically differentiated markets[J]. Marketing Science, 2013, 32(4): 609-621.

[81] Gavimeni S. Information flows in a capacitated supply chains with fixed ordering costs[J]. Management Science, 2000, 48(5): 644-651.

[82] Gavirneni S, Kapuscinski R, Tayur S. Value of information in capacitated supply chains[J]. Management Science, 1999, 45(1): 16-24.

[83] Gencer C, Gurpinar D. Analytic network process in supplier selection: A case study in an electronic firm[J]. Applied Mathematical Modelling, 2007, 31(11): 2475-2486.

[84] Gerard P, Patrick T. Competition and outsourcing with scale economies[J]. Management Science, 2002, 48(10): 1314-1333.

[85] Ghemawat P. Capacity expansion in the titanium dioxide industry[J]. Journal of Industrial Economics, 1984, 33: 145-163.

[86] Ghemawat P. Market incumbency and technological inertia[J]. Marketing Science, 1991, 10: 161-171.

[87] Gilley K M, Rasheed A. Making more by doing less: Analysis of outsourcing and its effects on firm performance[J]. Journal of Management, 2000, 26: 763-790.

[88] Gnyawali D R, Madhavan R. Co-operative Networks and Competitive

Dynamics: A Structural Embeddedness Perspective[J]. Academy of Management Review, 2001, 26: 431 -445.

[89] Gold A H, Malhotra A, Segars A H. Knowledge management: An organizational capabilities perspective[J]. Journal of Management Information Systems, 2001, 18 (1): 185 -214.

[90] Goodman P S, Darr E D. Computer – aided systems and communities: Mechanisms for organizational learning in distributed environments[J]. MIS Quarterly, 1998, 22 (4): 417 -440.

[91] Grant R M. The resource – based theory of competitive advantage: Implications for strategy formulation[J]. California Management Review, 1991, 33: 114 -135.

[92] Greaver M F. Strategic outsourcing: A structured approach to outsourcing decisions and initiatives[M]. New York: Amacon, 1999.

[93] Greenhut, Melvin L, Hiroshi Ohta. Monopoly output under alternative spatial pricing techniques [J]. American Economic Review, 1972, 9: 705 -713.

[94] Grossmann V. Advertising, in – house R&D, and growth[M]. Oxford Economic Papers – New Series, 2008.

[95] Gupta D, Weerawat W. Supplier – manufacturer coordination in capacitated two – stage supply chains[J]. Journal of Operational Research, 2006, 175: 67 -89.

[96] Ha A Y, Tong S, Zhang H. Sharing demand information in competing supply chains with production diseconomies[J]. Management Science, 2011, 57(3): 566 -581.

[97] Ha A Y, Tong S. Contracting and information sharing under supply chain competition[J]. Management Science, 2008, 54(4): 701 -715.

[98] Ha A, Li L, Ng S M. Price and delivery logistics competition in a supply chain[R]. Yale School of Management Working Paper, 2000.

[99] Hadjinicola G C, Kumar K R. Modeling manufacturing and marketing options in international operations[J]. International Journal of Production Economics, 2002, 75: 287-304.

[100] Halvorsen R, Smith T. On measuring natural resource scarcity[J]. Journal of Political Economy, 1984, 92: 954-964.

[101] Hansen L P, Singleton K J. Generalized instrumental variables estimation of non-linear rational expectations models[J]. Econometrica, 1982, 50: 1269-1286.

[102] Haug P. An international location and production transfer modal for high technology multinational enterprises[J]. International Journal of Production Research, 1986, 30: 559-572.

[103] Hays C L. What Wal-Mart knows about customers' habits[J]. New York Times, 2004, 14.

[104] Heuvel, Wilco, Borm, Peter. Economic lot-sizing games[J]. European Journal of Operation Research, 2007, 176: 1117-1130.

[105] Ho T H, Zhang J. Designing price contracts for boundedly rational customers: Dose the framing of the fixed free matter? [J]. Management Science, 2008, 54(4): 686-700.

[106] Ho W, Xu X, Dey P K. Multi-criteria decision making approaches for supplier evaluation and selection: A literature review[J]. European Journal of Operational Research, 2010, 202(1): 16-24.

[107] Hodder J E, Jucker J V. Plant location modeling of the multinational firm[I]. In: Proceeding of the Academy of International Business Conference on the Asia-Pacific Dimension of International Business, Honolulu, Hawaii.

[108] Holt G D. Which contractor selection methodology? [J]. International Journal of Project Management, 1998, 16(3): 153-164.

[109] Hosios A. On the efficiency of matching and related models of search and unemployment[J]. Review of Economic Studies, 1990, 57: 279-298.

[110] Hotelling H. Stability in competition[J]. The Economic Journal, 1929, 39(153): 41 -57.

[111] Hotelling H. The economics of exhaustible resources[J]. Journal of Political Economy, 1931, 39: 137 -75.

[112] Hou J, Su D. EJB - MVC oriented supplier selection system for mass customization[J]. Journal of Manufacturing Technology Management, 2007, 18(1): 54 -71.

[113] Huang S H, Keska H. Comprehensive and configurable metrics for supplier selection[J]. International Journal of Production Economics, 2007, 105(2): 510 -523.

[114] Hubert P, Bo X. Supplier selection when competitors can outsource to one another[R]. Working Paper, 2013.

[115] Hubert P. R&D joint venture decision when competitior are supply - chain partners[R]. Working Paper.

[116] Huchzermeier A and Cohen M A. Valuing operational flexibility under exchange rate risk[J]. Operations Reseatch, 1996, 44: 100 -113.

[117] Iyer A, Bergen M. Quick response in manufacturer - retailer channels[J]. Management Science, 1997, 43(4): 559 -570.

[118] John M, Barron M C, Berger, Dan A. Selective Counteroffers[J]. Journal of Labor Economics, 2006, 24(3): 385 -409.

[119] Jung, Hoon, Cerry, Klein M. Optimal inventory policies for an economic order quantity model with decreasing cost functions[J]. European Journal of Operational Research, 2005, 165(1): 108 -126.

[120] Jung, Hoon, Cerry, Klein M. Optimal inventory policies under decreasing cost functions via geometric programming[J]. European Journal of Operational Research, 2001, 132: 628 -642.

[121] Katok E, Wu D. Contracting in supply chains: A laboratory investigation[R]. Working paper, Pennsylvania State University, University Park, 2006.

[122] Kenneth J, McLaughlin, Bils M. Interindustry mobility and the cyclical upgrading of labour[J]. Journal of Labor Economics, 2001, 19(1): 94 -135.

[123] Kihlstrom R, Roth A E, Schmeidler D. Risk aversion and Nash's solution to the bargaining problem[M]. In: Moeschlin, O, Pallaschke D, Game theory and mathematical economics, North Holland, Amsterdam, 1981: 5 -71.

[124] Kim, Daesoo, Lee, Woon J. Optimal joint pricing and lot sizing with fixed and variable capacity[J]. European Journal of Operation Research, 1998, 109(1): 212 -227.

[125] Kingsman B G. Purchasing raw materials with uncertain fluctuating prices[J]. European Journal of Operational Research, 1986, 25(3): 358 -372.

[126] Kogut B, Kulatilaka N. Operating flexibility, global manufacturing, and the option value of a multinational network[J]. Management Science, 1994, 40: 123 -139.

[127] Kong G, Rajagopalan S, Zhang H. Revenue sharing and information leakage in a supply chain[J]. Management Science, 2013, 59(3): 556 -572.

[128] Kouvelis P, Gutierrez G J. The newsvendor problem in a global market: Optimal centralized and decentralized control policies for a two - market stochastic inventory system[J]. Management Science, 1997, 43: 571 -585.

[129] Lacity M and Hirschheim R. The information systems outsourcing: Myths, metaphors, and relalities[M]. New York: John Wiley, 1993.

[130] Lado A A, Boyd N G, Hanlon S C. Competition, co - operation, and the search for economic rents: A syncretic model[J]. Academy of Management Review, 1997, 22 (1): 110 -141.

[131] Lal R, Staelin R. An approach for developing an optimal discount pricing policy[J]. Management Science, 1984, 30(12): 1524 -1539.

[132] Lau A, Laum H, Zhou Y W. Considering asymmetrical manufacturing cost information in a two - echelon system that uses price - only contracts

[J]. IIE Transactions, 2006, 38: 253-271.

[133] Lee A H I. A fuzzy supplier selection model with the consideration of benefits, opportunities, costs and risks[J]. Exp Syst Appl, 2009, 36(2): 2879-2893.

[134] Lee H, Rosenblatt M J. A generalized quantity discount pricing model to increase supplier's profits[J]. Management Science, 1986, 32(9): 1177-1185.

[135] Lee H, Whang S. Information sharing in a supply chain[J]. International Journal of Technology Management, 2000, 20: 373-387.

[136] Lee H, Whang S. Information sharing in a supply chain[J]. International Journal of Technology Management, 2000, 20: 373-387.

[137] Lee, Woon J, Kim, Daesoo, Cabot A. Optimal demand rate, lot sizing, and process reliability improvement decisions[J]. IIE Transactions, 1996, 28: 941-952.

[138] Lee, Woon J, Kim, Daesoo. Optimal and heuristic decition strategies for integrated product and marketing planning[J]. Decision Sciences, 1993, 24(6): 1203-1213.

[139] Lee, Woon J, Kim, Daesoo. Optimal coordination strategies for production and marketing decisions[J]. Operations Research Letters, 1998, 22: 41-47.

[140] Lee, Woon J. Determining order quantity and selling price by geometric programming[J]. Decision Sciences, 1993, 24: 76-87.

[141] Lei D, Hitt M. Strategic restructuring and outsourcing: The effect of mergers and acquisitions and LBOs on building skills and capabilities[J]. Journal of Management, 1995, 21: 835-859.

[142] Levhari D and Leviatan N. Notes on hotelling's "economics of exhaustible resources"[J]. Journal of Political Economy, 1997, 10: 177-192.

[143] Levina N, Su N. Global multisourcing strategy: The emergence of a

supplier portfolio in services offshoring[J]. Decision Science, 2008, 39(3): 541 – 570.

[144] Li L, Zhang H. Confidentiality and information sharing in supply chain coordination[J]. Management Science, 2008, 54(8): 1467 – 1481.

[145] Li L, Zhang H. Supply Chain Information Sharing in a Competitive Environment[M]. in Supply Chain Structures: Coordination, Information and Optimization, ed. by J. S. Song and D. Yao, Kluwer Academic Publishers, Norwell Massachusetts, 2002.

[146] Li L. Cournot oligopoly with information sharing[J]. Rand Journal of Economics, 1985, 16(4): 521 – 536.

[147] Li L. Information sharing in a supply chain with horizontal competition[J]. Management Science, 2002, 48: 1196 – 1212.

[148] Lim N, Ho T H. Designing price contracts for boundedly rational cunstomers: Dose the number of blocks matter[J]. Marketing Science, 2007, 26(3): 312 – 326.

[149] Lim W S, Tan S J. Outsourcing suppliers as downstream competitors: Biting the hand that feeds[J]. European Journal of Operational Research, 2010, 203(2): 360 – 369.

[150] Liu F H F, Hai H L. The voting analytic hierarchy process method for selecting supplier[J]. International Journal of Production Economics, 2005, 97(3): 308 – 317.

[151] Loh L and Verkatraman N. Determinants of information technology outsourcing: A cross sectional analysis[J]. Journal of Management Information System, 1992, 9: 7 – 24.

[152] Losch, August. The economics of location [M]. New York: Wiley, 1967.

[153] Lowe T J, Wendell R E, Hu G. Screening location strategies to reduce exchange rate risk[J]. European Journal of Operational Research, 2002,

136: 573 - 590.

[154] Luo Y. Co - opetition in international business[M]. Copenhagen Business School Press, Copenhagen, 2004.

[155] MacCarthy B L, Atthirawong W. Factors affecting location decisions in international operations—a Delphi study[J]. International Journal of Operations & Production Management, 2003, 23: 794 - 818.

[156] Majumder P, Groenevelt H. Competition in remanufacturing[R]. Simon School of Business Working Paper, 2000.

[157] Marketing Weekly News. Panasonic; Panasonic introduces Ultra - Slim LUMIX digital cameras with 10x optical zoom and wide - angle Leica lens [J]. Marketing Weekly News, 2012, January 28.

[158] Martin S. Apple's TV prospects generate CES buzz[I]. USA Today, 2012, January 4.

[159] McGuire T, Staelin R. An industry equilibrium analysis of downstream vertical integration[J]. Marketing Science, 1983, 2(2): 161 - 191.

[160] Miller M H, Upton C W. A test of the Hotelling valuation principle [J]. Journal of Political Economy, 1985, 91: 1 - 25.

[161] Mizik N and R Jacobson. Trading off between value creation and value appropriation: The financial implications of shifts in strategic emphasis[J]. Journal of Marketing, 2003, 67(1): 63 - 76.

[162] Moinzadek K, Nahmias S. Adjustment strategies for a fixed delivery contract[J]. Operations Research, 2000, 48(3): 408 - 423.

[163] Mol M J, Van Tulder R J M, Beije P R. Antecedents and performance consequences of international outsourcing[J]. International Business Review, 2005, 14: 599 - 617.

[164] Monahan J P. A quantity discount pricing model to increase vendor profits[J]. Management Science, 1984, 30(6): 720 - 726.

[165] Montgomery J. Equilibrium wage dispersion and inter - industry wage

differentials[J]. Quarterly Journal of Economics, 1991, 106: 163 – 179.

[166] Moore D L, Fearon H E. Computer – assisted decisionmaking in purchasing[J]. European Journal of Purchasing & Supply Management, 1973, 9: 5 – 25.

[167] Murphy T. Protection in question. Survey: Detroit compromise intellectual property[J]. Wards Auto World, August 2007.

[168] Nagurney A, Cruz J, Matsypura D. Dynamics of global supply chain super networks[J]. Mathematical and Computer Modeling, 2003, 37: 963 – 983.

[169] Nam K, Chaudhury A. A mixed integer model of bidding strategies for outsourcing [J]. European Journal of Operational Research, 1995, 87: 257 – 273.

[170] Nash J F. Noncooperative games[J]. The Annals of Mathematics, 1951: 286 – 295.

[171] Ofek E, Sarvary M. R&D, marketing, and the success of next – generation products[J]. Marketing Science, 2003, 22(3): 355 – 370.

[172] Ohta, Hiroshi. Spatial competition, concentration and welfare[J]. Regional Science and Urban Economics, 1980, 3: 3 – 16.

[173] Perry M. Flexible production, externalisation and the interpretation of business service growth [J]. The Services Industries Journal, 1992, 12: 1 – 16.

[174] Petit M, Tolwinski B. R&D cooperation or competition? [J]. Università di Roma, 1993, 41.

[175] Pratt J W. Risk aversion in the small and large[J]. Econometrica, 1964, 32: 122 – 136.

[176] Quelin D, Duhamel F. Bringing together strategic outsourcing and corporate strategy: Outsourcing motives and risks[J]. European Management Journal, 2003, 21: 647 – 661.

[177] Quinn J B, Hilmer F G. Strategic outsourcing[M]. Sloan Manage-

ment Review, 1994: 43 -55.

[178] Reder M. The theory of occupational wage differentials[J]. American Economic Review, 1955, 45(5): 833 -852.

[179] Rosenfield D B. Global and variable cost manufacturing systems[J]. European Journal of Operational Research, 1996, 95: 325 -343.

[180] Roth A E, Xing X L. Jumping the gun: Imperfections and institutions related to the timing of market transactions[J]. American Economic Review, 1994, 84: 992 -1044.

[181] Roth A. Handbook of experimental economics[M]. Princeton University Press, 1995.

[182] Rothery B, Robertson I. Outsourcing[M]. Mexico: Editorial Limusa, 1996.

[183] Roy A D. Some thoughts on the distribution of earnings[J]. Oxford Journal of Economic Literature, 1993, 3(2): 135 -146.

[184] Rubinstein A. Perfect equilibrium in a bargaining model[J]. Econometrica, 1982, 50: 97 -110.

[185] Sacristan N M. Consideraciones teoricas del outsourcing[M]. Boletin economico del ICE, 1999, 1: 27 -41.

[186] Sajadi, Seyed J, Orouge, Maryam. Optimal production and marketing planning[J]. Computational Optimization and Applications, 2005, 30(2): 195 -203.

[187] Salmon W, Blasberg J. Liz Claibornc, Inc[M]. Harvard Business School, 1997.

[188] Sarkar A, Mohapatra P K J. Evaluation of supplier capability and performance: A method for supply base reduction[J]. Journal of Purchasing and Supply Management, 2006, 12(3): 148 -163.

[189] Sarkis J, Talluri S. A model for strategic supplier selection[J]. Journal of Supply Chain Management, 2002, 38(1): 18 -28.

[190] Saunders C, Gebelt M, Hu Q. Achieving success in information systems outsourcing[J]. California Management Review, 1997, 39: 63 - 79.

[191] Sawik T. Single vs. multiple objective supplier selection in a make to order environment[J]. Omega, 2010, 38(3): 203 - 212.

[192] Scheller - Wplf A, Tayur S. Reducing international risk through quantity contracts[R]. Carnegie Mellon Working Paper, 1997.

[193] Schelling T. The strategy of conflict [M]. Harvard University Press, 1960.

[194] Shaffer G, Zettelmeyer F. Advertising in a distribution channel[J]. Marketing Science, 2004, 23(4): 619 - 628.

[195] Shaffer G, Zettelmeyer F. When good news about your rival is good for you: The effect of third - party information on the division of channel profits [J]. Marketing Science, 2002, 21(3): 273 - 293.

[196] Shamir N. Strategic information sharing between competing retailers in a supply chain with endogenous wholesale price[J]. International Journal of Production Economics, 2012, 136(2): 352 - 365.

[197] Smithies, Arthur W. Optimum location in spatial competition[J]. Journal of Political Economy, 1941, 1: 423 - 439.

[198] Sosa M L. Application - specific R&D capabilities and the advantage of incumbents: Evidence from the anticancer drug market[J]. Management Science, 2009, 55(8): 1409 - 1422.

[199] Spence M. Cost reduction, competition, and industry[J]. Econometrica, 1984, 52(1): 101 - 122.

[200] Spence M. The learning curve and competition[J]. Bell Journal of Economics, 1981, 12: 49 - 70.

[201] Spengler J. Vertical integration and antitrust policy[J]. Political Econom, 1950, 58: 347 - 436.

[202] Staelin R. Commentary - an industry equilibrium analysis of down-

stream vertical integration: Twenty - five years later[J]. Marketing Science, 2008, 27(1): 111 - 114.

[203] Steenkamp J, Fang E. The impact of economic contractions on the effectiveness of R&D and advertising: Evidence from US companies spanning three decades[J]. Marketing Science, 2011.

[204] Steffen A, Armin F, Matthias W. Promotions and incentives: The case of multistage elimination tournaments[J]. Journal of Labor Economics, 2012, 30(1): 149 - 174.

[205] Stollery K R. Mineral depletion with cost as the extraction limit: A model approach to the behavior of prices in the nickel industry[J]. Journal of Environmental Economics an Management, 1983, 10: 151 - 165.

[206] Sucky, Eric. A bargaining model with asymmetric information for a single supplier - single buyer problem[J]. Journal of Operational Research, 2006, 171: 516 - 535.

[207] Sucky, Eric. Inventory management in supply chains: A bargaining problem[J]. International Journal of Production Economics, 2005: 93 - 94, 253 - 262.

[208] Talluri S, Narasimhan R. A methodology for strategic sourcing[J]. European Journal of Operational Research, 2004, 154: 236 - 250.

[209] Teng J, Cheon M and Grover V. Decisions to outsource information systems functions: testing a strategy - theoretic - discrepancy model[J]. Decision Sciences, 1995, 26: 75 - 103.

[210] The Apple and Samsung's symbiotic relationship - Slicing an Apple [Z]. The Economist 2011, August 10.

[211] Tsai WC. Fuzzy measures of supplier evaluation under lean concepts [J]. Journal of the Operational Research Society, 2009, 60(7): 1005 - 1011.

[212] Venkatesh R, Chintagunta P, Mahajan V. Research Note - Sole entrant, co - optor, or component supplier: Optimal end - product strategies for

manufactures of proprietary component brands[J]. Management Science, 2006, 52(4): 613 -622.

[213] Venkatesh R, Chintagunta P, Mahajan V. Research note – sole entrant, co – optor, or component supplier: Optimal end – product strategies for manufactures of proprietary component brands[J]. Management Science, 2006, 52(4): 613 -622.

[214] Vidal C J, Goetschalckx M. A global supply chain model with transfer pricing and transportation cost allocation[J]. European Journal of Operational Research, 2001, 129: 134 -158.

[215] Villegas, Daniel J. Comparative performance of spatial model of economic markets with linear household demand[J]. Southern Economic Journal, 1982, 4: 893 -908.

[216] Viswanathan S, Wang Q. Discount pricing decisions in distribution channels wiht price sensitive demand[J]. European Journal of Operational Research, 2003, 149(3): 571 -587.

[217] Wang T Y, Yang Y H. A fuzzy model for supplier selection in quantity discount environments[J]. Expert Systems with Applications, 2009, 36(10): 12179 -12187.

[218] Wang Y, Niu B, Guo P. On the advantage of quantity leadership when outsourcing production to a competitive contract manufacturer[J]. Production and Operations Management, 2013, 22(1): 104 -119.

[219] Weng K. Channel coordination and quantity discounts[J]. Management Science, 1995, 41: 1509 -1522.

[220] Wood D F, Barone A P, Murhpy P R, Wardlow D L. International logistics[M]. AMACOM, New York, 2002.

[221] Xu Y, Gurnani H, Desiraju R. Strategic supply chain structure design for a proprietary component manufacturer[J]. Production and Operations Management, 2010, 19(4)371 -389.

[222] Yaari M E. Some remarks of risk aversion and their use[J]. Journal of Economic Theory, 1969, 1: 315-329.

[223] Yang Y H, Hui Y V, Leung L C, Chen G. An analytic network process approach to the selection of logistics service providers for air cargo[J]. Journal of the Operational Research Society, 2010, 61: 1365-1376.

[224] Yu H, Zeng A Z, Zhao L. Single or dual sourcing: Decision-making in the presence of supply chain disruption risks[J]. Omega, 2009, 37(4): 788-800.

[225] Yue J, Xia Y, Tran T. Selecting sourcing partners for a make-to-order supply environment[J]. Omega, 2010, 38(3): 136-144.

[226] Yuki K, Nobuo M. Vertical integration with endogenous conteact leaership: Stability and fair profit allocation[J]. European Journal of Operational Research, 2014, 238: 221-232.

[227] Zack M H. Managing codified knowledge[M]. Sloan Management Review, 1999, 40(4): 45-58.

[228] Zhang C, Li S. Secure information sharing in internet-based supply chain management systems[J]. Journal of Computer Information Systems, 2006, 46(4).

[229] Zhang H. Vertical information exchange in a supply chain with duopoly retailers[J]. Production Operation Management, 2001, 11: 531-546.

[230] 胡本勇, 彭其渊. 基于广告—研发的供应链合作博弈分析[J]. 管理科学学报, 2008(2): 61-70.

[231] 宋华. 供应商选择、参与对采购成本管理绩效的影响[J]. 系统工程理论实践, 2008, 28(12): 52-55.

[232] 田宇. 物流服务供应链构建中的供应商选择研究[J]. 系统工程理论实践, 2003, 23(5): 49-53.

[233] 吴崇, 胡汉辉. 不确定性和动态能力互动下企业投资竞争决策[J]. 管理科学学报, 2013(5): 39-54.

[234] 张涛，孙林岩，孙海虹. 偏好约束锥 DEA 模型在供应商选择中的应用[J]. 系统工程理论实践，2003，23(3)：77-81.

[235] 张玉林，仲伟俊，梅姝娥. 企业间生产与广告投资分配的竞争分析[J]. 管理科学学报，2002(4)：34-38.

[236] 邹平，袁亦男. 基于 EAHP 和 GRAP 的供应商选择[J]. 系统工程理论实践，2009，29(3)：69-75.

附　录

附录 1

$$\Gamma_0(\theta) \equiv \frac{2-\theta-\theta^2}{2-\theta^2}$$

$$\Gamma_1(\theta) \equiv \frac{\left(-256+256\theta+192\theta^2-192\theta^3-4\theta^4+4\theta^5-12\theta^6+12\theta^7-\theta^8+\theta^9\sqrt{6}\sqrt{(2-2\theta+\theta^2-\theta^3)(128-96\theta-96\theta^2+68\theta^3+10\theta^4-6\theta^5+3\theta^6-2\theta^7)^2}\right)}{(-1+\theta)(2-\theta^2)^2(8+\theta^2)^2}$$

$$\Gamma_2(\theta) \equiv \frac{\left(16384-28672\theta-23552\theta^2+66816\theta^3-11264\theta^4-44448\theta^5+29520\theta^6+208\theta^7-11700\theta^8+9042\theta^9-1328\theta^{10}-2039\theta^{11}+1485\theta^{12}-413\theta^{13}-181\theta^{14}+166\theta^{15}-14\theta^{16}-12\theta^{17}+2\theta^{18}-\sqrt{(1024-768\theta-1280\theta^2+928\theta^3+448\theta^4-308\theta^5+14\theta^6-14\theta^7-29\theta^8+20\theta^9+3\theta^{10}-2\theta^{11})^2(768-1920\theta+368\theta^2+2032\theta^3-1272\theta^4-36\theta^5)+251\theta^6-412\theta^7+204\theta^8+28\theta^9-21\theta^{10}+24\theta^{11}-12\theta^{12}-4\theta^{13}+2\theta^{14})}\right)}{(2-\theta^2)^2(4096-10240\theta+2816\theta^2+7936\theta^3-5632\theta^4+1504\theta^5+220\theta^6-1524\theta^7+801\theta^8-52\theta^9-41\theta^{10}+76\theta^{11}-30\theta^{12}-4\theta^{13}+2\theta^{14})}$$

$$\Gamma_{3a}(\theta) \equiv \frac{(16384 - 12288\theta - 12288\theta^2 + 512\theta^3 + 1536\theta^4 + 6976\theta^5 + 576\theta^6 + 24\theta^7 - 492\theta^8 - 1006\theta^9 + 72\theta^{10} - 73\theta^{11} + 41\theta^{12} + 21\theta^{13} + 3\theta^{14} + 2\theta^{15} - \sqrt{\begin{array}{l}(1024 - 768\theta^2 + 70\theta^6 - \theta^8 - \theta^{10})^2 \\ (768 - 1536\theta + 1024\theta^2 - 768\theta^3 + \\ 476\theta^4 - 120\theta^5 + 267\theta^6 - 132\theta^7 + \\ 56\theta^8 - 36\theta^9 + \theta^{10})\end{array}}}{(2-\theta^2)^2(8+\theta^2)^2(64+5\theta^4+3\theta^6)}$$

$$\Gamma_{3b}(\theta) \equiv \frac{(16384 - 12288\theta - 12288\theta^2 + 512\theta^3 + 1536\theta^4 + 6976\theta^5 + 576\theta^6 + 24\theta^7 - 492\theta^8 - 1006\theta^9 + 72\theta^{10} - 73\theta^{11} + 41\theta^{12} + 21\theta^{13} + 3\theta^{14} + 2\theta^{15} + \sqrt{\begin{array}{l}(1024 - 768\theta^2 + 70\theta^6 - \theta^8 - \theta^{10})^2 \\ (768 - 1536\theta + 1024\theta^2 - 768\theta^3 + \\ 476\theta^4 - 120\theta^5 + 267\theta^6 - 132\theta^7 + \\ 56\theta^8 - 36\theta^9 + \theta^{10})\end{array}}}{(2-\theta^2)^2(8+\theta^2)^2(64+5\theta^4+3\theta^6)}$$

$$\Gamma_4(\theta) \equiv \frac{\theta(1-\theta)(32 - 32\theta - 12\theta^2 + 40\theta^3 - 8\theta^4 - 12\theta^5 + 3\theta^6 + \theta^7)}{(2-\theta^2)(64 - 32\theta - 48\theta^2 + 28\theta^3 - 9\theta^4 - \theta^5 + 5\theta^6 - \theta^7)}$$

$$\Gamma_5(\theta) \equiv \frac{16384 - 4096\theta - 16384\theta^2 - 512\theta^3 + 512\theta^4 + 1728\theta^5 + 2560\theta^6 + 104\theta^7 + 20\theta^8 - 118\theta^9 - 152\theta^{10} - 21\theta^{11} - 23\theta^{12} - \theta^{13} - \theta^{14} + (128 - 112\theta^2 + 14\theta^4 + 7\theta^6 - \theta^8)\sqrt{\begin{array}{l}(8+\theta^2)^3(32 - 96\theta \\ + 60\theta^2 - 12\theta^2 - \\ 15\theta^4 + 30\theta^5 - 5\theta^6 \\ + 6\theta^7)\end{array}}}{(2-\theta^2)^2(8+\theta^2)^3(8-3\theta^2-\theta^4)}$$

附录 2

$$\Upsilon \equiv -\frac{128 - 64\theta - 64\theta^2 + 8\theta^3 + 10\theta^4 + 14\theta^5 - 3\theta^6 - 3\theta^7 + \theta^8}{(-2+\theta)(2+\theta^2)(-4+\theta+2\theta^2)(-8+3\theta^2)}$$

$\Upsilon_G \equiv (-45056\theta + 67584\theta^2 + 31488\theta^3 - 83432\theta^4 + 9940\theta^5 + 28128\theta^6 - 10672\theta^7 + 1864\theta^8 + 974\theta^9 - 2746\theta^{10} + 647\theta^{11} + 280\theta^{12} - 101\theta^{13} + 12\theta^{14} - 4\theta^{15} + (-\theta(-768 + 16\theta + 1216\theta^2 + 12\theta^3 - 476\theta^4 - 21\theta^5 + 16\theta^6 - 12\theta^7 + 12\theta^8 + 4\theta^9 + \theta^{11})(-1024 + 768\theta + 1280\theta^2 - 928\theta^3 - 448\theta^4 + 308\theta^5 - 14\theta^6 + 14\theta^7 + 29\theta^8 - 20\theta^9 - 30\theta^{10} + 2\theta^{11}))^{\frac{1}{2}})/((-2+\theta)^2(2+\theta^2)(-4+\theta+2\theta^2)^2(256 - 152\theta^2 - 4\theta^4 + 7\theta^6 + \theta^8))$

$\Gamma \equiv (2(22528\theta - 8704\theta^3 - 3040\theta^5 + 728\theta^7 + 148\theta^9 + 4\theta^{11})) + \sqrt{2}(-(64 - 24\theta^2 - 5\theta^4 + \theta^6)^2(-8192 - 24576\theta - 70656\theta^2 - 46080\theta^3 + 14720\theta^4 + 4992\theta^5 + 11600\theta^6 + 14160\theta^7 + 892\theta^8 - 24\theta^9 - 672\theta^{10} - 924\theta^{11} - 177\theta^{12} - 42\theta^{13} - 4\theta^{14} + 6\theta^{15} + \theta^{16}))^{\frac{1}{2}}/(16384 + 49152\theta - 17408\theta^2 - 12288\theta^3 - 1408\theta^4 - 19200\theta^5 + 1664\theta^6 + 4032\theta^7 + 844\theta^8 + 1932\theta^9 - 3\theta^{10} - 258\theta^{11} - 69\theta^{12} - 48\theta^{13} - 5\theta^{14} + 6\theta^{15} + \theta^{16})$

$\Gamma_S \equiv (4(32768\theta - 32768\theta^2 + 20480\theta^3 - 20480\theta^4 - 5632\theta^5 + 5632\theta^6 - 4160\theta^7 + 4160\theta^8 + 112\theta^9 - 112\theta^{10} + 160\theta^{11} - 160\theta^{12} + 12\theta^{13} - 12\theta^{14} + ((-(-2+\theta)^3\theta^2(96 - 64\theta + 2\theta^3 - 33\theta^3 - 2\theta^4 + \theta^5)(2048 + 1024\theta + 512\theta^2 + 256\theta^3 - 512\theta^4 - 256\theta^5 - 116\theta^6 - 58\theta^7 + 10\theta^8 + 5\theta^9 + 2\theta^{10} + \theta^{11})^2))^{\frac{1}{2}}))/(524288 + 131072\theta - 573440\theta^2 + 983340\theta^3 - 61440\theta^4 + 307200\theta^5 + 112384\theta^6 - 47616\theta^7 + 4352\theta^8 - 6432\theta^9 - 5964\theta^{10} + 3536\theta^{11} - 243\theta^{12} + 409\theta^{13} + 66\theta^{14} - 42\theta^{15} - 3\theta^{16} + \theta^{17})$

$\Lambda \equiv (4(180224\theta - 47104\theta^3 - 33024\theta^5 + 2784\theta^7 + 1912\theta^9 + 180\theta^{11} + 4\theta^{13} + ((-(512 - 128\theta^2 - 64\theta^4 + 3\theta^6 + \theta^8)^2(-16384 - 40960\theta - 115712\theta^2 - 52224\theta^3 + 77056\theta^4 + 42112\theta^5 + 16176\theta^6 + 1712\theta^7 - 14244\theta^8 - 3256\theta^9 + 88\theta^{10} + 92\theta^{11} + 538\theta^{12} + 38\theta^{13} - 52\theta^{14} - 2\theta^{15} + \theta^{16})))^{\frac{1}{2}}))/((-1+\theta)(-262144 - 917504\theta - 262144\theta^2 + 212992\theta^3 + 212992\theta^4 + 243712\theta^5 + 30208\theta^6 - 34560\theta^7 - 21568\theta^8 - 19888\theta^9 - 1044\theta^{10} + 1384\theta^{11} + 459\theta^{12} + 293\theta^{13} - 22\theta^{14} - \theta^{16} + \theta^{17}))$

$$\Lambda_G \equiv (2(4096\theta - 4096\theta^2 + 2048\theta^3 - 2048\theta^4 - 960\theta^5 + 960\theta^6 - 400\theta^7 + 400\theta^8 + 64\theta^9 - 64\theta^{10} + 12\theta^{11} - 12\theta^{12} + \sqrt{2}(-\theta^2(-96 + 96\theta - 52\theta^2 + 44\theta^3 + 3\theta^4 + 4\theta^5 + \theta^6)(-512 + 64\theta^2 + 152\theta^4 - 22\theta^6 - 7\theta^8 + \theta^{10})^2)^{\frac{1}{2}}))/(32768 + 16384\theta - 22528\theta^2 + 10240\theta^3 - 10752\theta^4 - 8448\theta^5 + 5600\theta^6 - 1568\theta^7 + 1084\theta^8 + 848\theta^9 - 307\theta^{10} + 49\theta^{11} - 38\theta^{12} - 10\theta^{13} + 5\theta^{14} + \theta^{15})$$

附录3

（1）不同情况下的需求函数

1）市场被覆盖，只有研发行为可以选择时公司的产品需求函数：

$$q_{FG}^{OO} = \frac{M + p_S - p_G}{2}$$

$$q_{FS}^{OO} = \frac{M + p_G - p_S}{2}$$

$$q_{FG}^{RO} = \frac{M + p_S - p_G + e_G}{2}$$

$$q_{FS}^{RO} = \frac{M + p_G - p_S - e_G}{2}$$

$$q_{FG}^{RR} = \frac{M + p_S - p_G + e_G - e_S}{2}$$

$$q_{FS}^{RR} = \frac{M + p_G - p_S + e_S - e_G}{2}$$

2）市场未被覆盖，只有研发行为可以选择时公司的产品需求函数：

$$q_{DG}^{OO} = \frac{M + 2R + p_S - 3p_G}{2}$$

$$q_{DS}^{OO} = \frac{M + 2R + p_G - 3p_S}{2}$$

$$q_{DG}^{RO} = \frac{M + 2R + p_S - 3p_G + 3e_G}{2}$$

$$q_{DS}^{RO} = \frac{M + 2R + p_G - 3p_S - e_G}{2}$$

$$q_{DG}^{RR} = \frac{M + 2R + p_S - 3p_G + 3e_G - e_S}{2}$$

$$q_{DS}^{RR} = \frac{M + 2R + p_G - 3p_S + 3e_S - e_G}{2}$$

3）市场被覆盖，只有广告宣传可以选择时公司的产品需求函数：

$$q_{FG}^{OO} = \frac{M + p_S - p_G}{2}$$

$$q_{FS}^{OO} = \frac{M + p_G - p_S}{2}$$

$$q_{FG}^{AO} = \frac{M + p_S - p_G}{2 - \theta}$$

$$q_{FS}^{AO} = \frac{(1-\theta)M + p_G - p_S}{2 - \theta}$$

$$q_{FG}^{AA} = \frac{(1-\theta)M + p_S - p_G}{2(1-\theta)}$$

$$q_{FS}^{AA} = \frac{(1-\theta)M + p_G - p_S}{2(1-\theta)}$$

4）市场未被覆盖，只有广告宣传可以选择时公司的产品需求函数：

$$q_{DG}^{OO} = \frac{M + 2R + p_S - p_G}{2}$$

$$q_{DS}^{OO} = \frac{M + 2R + p_G - p_S}{2}$$

$$q_{DG}^{AO} = \frac{(1-\theta)M + (2-\theta)R + (1-\theta)p_S - (3-2\theta)p_G}{(2-\theta)(1-\theta)}$$

$$q_{DS}^{AO} = \frac{(1-\theta)M + (2-\theta)R + p_G - (3-\theta)p_S}{2 - \theta}$$

$$q_{DG}^{AA} = \frac{(1-\theta)M + 2R + p_S - 3p_G}{2(1-\theta)}$$

$$q_{DS}^{AA} = \frac{(1-\theta)M + 2R + p_G - 3p_S}{2(1-\theta)}$$

5)市场被覆盖,必须进行行动选择时公司的产品需求函数:

$$q_{FG}^{AR} = \frac{M - e_S + p_G - p_S}{2 - \theta}$$

$$q_{FS}^{AR} = \frac{(1-\theta)M + e_S + p_G - p_S}{2 - \theta}$$

6)市场未被覆盖,必须进行行动选择时公司的产品需求函数:

$$q_{DG}^{AR} = \frac{(M - e_S + p_S - p_G)(1-\theta) + (R - p_G)(2-\theta)}{(2-\theta)(1-\theta)}$$

$$q_{DS}^{AR} = \frac{((1-\theta)M + e_S + p_G - p_S) + (2-\theta)(R + e - p_S)}{2 - \theta}$$

(2)灵敏度分析

1)当市场被覆盖时,策略 OO 和策略 AA 中的销售价格与需求函数:
$p_{Fi}^{OO} = M$, $p_{Fi}^{AA} = M$, $q_{Fi}^{OO} = M/2$, $q_{Fi}^{AA} = M/2$.

2)销售价格和需求函数关于参数的灵敏度分析:

$$\frac{\partial p_i}{R} = \frac{2}{5} > 0$$

$$\frac{\partial p_i}{\theta} = -\frac{M}{5} < 0$$

$$\frac{\partial q_i}{R} = \frac{3}{5(-1+\theta)} > 0$$

$$\frac{\partial q_i}{\theta} = -\frac{6R}{10(-1+\theta)^2} > 0$$

重要术语索引

B

博弈论 ························ 18

C

产品创新 ······················ 27
产品换代 ······················ 83
产品可替代率 ·················· 93
产品研发 ······················· 4

D

搭便车 ······················ 146
定量分析 ······················ 16
定性分析 ······················ 11

F

风险厌恶 ······················ 45
风险中性 ······················ 84

G

广告营销 ······················ 11
供应链管理 ····················· 1
供应链全球化 ·················· 23
共赢机制 ······················ 42
供应商选择 ····················· 2
供应指标 ······················ 39

H

Hotelling 模型 ················ 18

核心竞争力 ···················· 27

J

激励理论 ······················ 15
机制设计 ······················ 45
经济指标 ······················ 39
决策理论 ······················ 18
决策模型 ······················ 18

N

牛鞭效应 ······················· 1

P

派生产品 ······················ 82

Q

契约理论 ······················ 31
囚徒困境 ······················ 18

S

生产外包 ······················ 98

W

委托代理机制 ·················· 11

X

新进企业 ····················· 125
信息流 ························· 1
信息共享 ······················· 8
信息泄露 ······················ 11

Z

质量指标 …………………… 38
组合分析 …………………… 38
主导企业 …………………… 16
资金流 ……………………… 1
最优策略 …………………… 16